❄ | FISCHER

IRIS GAVRIC & MATTHIAS RENGER

SHIT MOVES

VOM MANIPULIEREN UND MANIPULIERT WERDEN

FISCHER

Aus Verantwortung für die Umwelt hat sich der S. Fischer Verlag zu einer nachhaltigen Buchproduktion verpflichtet. Der bewusste Umgang mit unseren Ressourcen, der Schutz unseres Klimas und der Natur gehören zu unseren obersten Unternehmenszielen.

Gemeinsam mit unseren Partnern und Lieferanten setzen wir uns für eine klimaneutrale Buchproduktion ein, die den Erwerb von Klimazertifikaten zur Kompensation des CO_2-Ausstoßes einschließt.

Weitere Informationen finden Sie unter:
www.klimaneutralerverlag.de

Erschienen bei FISCHER Taschenbuch
Frankfurt am Main, Oktober 2023

© 2023 S. Fischer Verlag GmbH,
Hedderichstr. 114, D-60596 Frankfurt am Main

Satz: Denise Sterr, Dornbirn
Druck und Bindung: CPI books GmbH, Leck
Printed in Germany
ISBN 978-3-596-70915-1

Vorwort   7

Kapitel 1: Warum Shitmoves?   9
1. Was ist überhaupt ein Shitmove?   10
2. The King's Gambit   13
3. Für wen ist dieses Buch?   22

Kapitel 2: Rhetorische Shitmoves   25
- **#1 Dissmove**
  Der persönliche Angriff   28
- **#2 Kranker Shitmove**
  Der psychopathologische Angriff   38
- **#3 Quasi-Shitmove**
  Der implizite Angriff   50
- **#4 Label-Shitmove**
  Der stigmatisierende Angriff   62
- **#5 Lieber Shitmove**
  Der als Kompliment getarnte Angriff   74
- **#6 Opfer-Shitmove**
  Die Mitleidsnummer   84
- **#7 Dystopischer Shitmove**
  Die Drohkulisse   94
- **#8 Entweder-oder-Shitmove**
  Das falsche Dilemma   106
- **#9 Selektiver Shitmove**
  Das Hütchenspiel   116
- **#10 Storytime-Shitmove**
  Die Anekdote   128
- **#11 Quellen-Shitmove**
  »Wer sagt das?«   138

#12 Team-Shitmove
Der Publikumsjoker   *148*

#13 Holy Shitmove
»Aber selber!«   *156*

#14 Shiftmove
Das Ablenkungsmanöver   *166*

#15 Twistmove
Das bewusste Missverständnis   *178*

#16 Bullshitmove
Der bewusste Unsinn   *188*

#17 Cheatmove
Änderung der Spielregeln   *198*

#18 Quitmove
Der taktische Rückzug   *208*

#19 Sabotage-Shitmove
Der Boykott   *218*

#20 Trotzmove
Das letzte Wort   *226*

Kapitel 3: Unerhörte Shitmoves   **233**

1. Lautlose Shitmoves   236
2. Laute Shitmoves   249
3. Die Shitparade   254

Danksagung   **257**
Quellenverzeichnis   **261**

VORWORT

Liest keiner.

KAPITEL 1

WARUM SHITMOVES?

SHITMOVES
[ʃɪtmuːvz]

(Subst. Plural) Manipulative Techniken, die im Gespräch anstelle von sachlichen Argumenten zum Einsatz kommen, mit einem einzigen Zweck: Gewinnen um jeden Preis.

1. Was ist überhaupt ein Shitmove?

Eigentlich kennst du bereits die Antwort. Du hast nämlich selbst schon den einen oder anderen Shitmove abgezogen. Garantiert! Selbst wenn du in deiner Freizeit Friedensdemos organisieren oder gewaltfreie Kommunikation unterrichten solltest – in dem Fall wahrscheinlich sogar erst recht. Komm, gib's ruhig zu, kein Mensch ist heilig.

Na, fühlt sich das leicht manipulativ an? Ist es auch. Du kennst dieses unangenehme Gefühl von Shitmoves, wenn du schon mal an einem Streit oder auch nur an einer etwas lebhafteren Diskussion beteiligt warst. Wenn du plötzlich in die Verlegenheit kommst, dich für etwas zu rechtfertigen, das du gar nicht so gesagt oder gemeint hast. Wenn deine Argumente, die in ihrer Klarheit doch total überzeugen müssten, offenbar wirkungslos verpuffen. Wenn es immer schwieriger wird, beim Thema zu bleiben, weil alte Konflikte neu aufgewärmt werden. Wenn du all das, was sich gerade unfair anfühlt, noch nicht exakt fassen und benennen kannst, aber du kannst es bereits riechen. Weil es nach Shitmoves müffelt. Also, was genau ist das denn jetzt?

Ein Shitmove ist ein rhetorischer Trick. Ein verbales Foul Play. Wie beim Fußball ist das Ziel, ein Tor des Gegners zu verhindern. Ohne erwischt zu werden. Oder durch eine Schwalbe dem Gegner ein Foul zu unterstellen, um dann selbst leichter punkten zu können. Es geht also immer ums Punkten, ums Siegen. Shitmoves kommen ins Spiel, wenn wir das Falsche gewinnen wollen. Nämlich den Konflikt, nicht den Menschen. Und genau diese Erkenntnis liefert uns eine Art Kompass fürs Manipulieren und fürs Manipuliertwerden. Einen Leitgedanken, an dem wir uns für den Umgang mit Shitmoves in jeder Situation orientieren können: **Das Ziel ist immer, den Menschen zu gewinnen, statt nur die Auseinandersetzung.**

Wer sich also an der einen oder anderen Stelle fragt, wo wir denn nun stehen, weil uns so mancher Shitmove durchaus auch beeindruckt oder begeistert, kann sich immer wieder diese Grundidee ins Gedächtnis rufen. Sie ist der rote Faden, der sich durch dieses Buch zieht, für das wir jede Menge private und berufliche Shitmove-Expertise mitbringen. Denn bei uns dreht sich alles um Kommunikation: Iris hat jahrelange Erfahrung in der Werbung gesammelt, die ja bekanntlich aus reiner Manipulation besteht. Und Matthias hat in derselben Zeit als Schauspieler die feinen Nuancen der Rhetorik in Theorie und Praxis erforscht – ebenfalls eine Welt voller menschlicher Schattenseiten, denn ohne Konflikt gibt's keine Spannung. Selbst romantische Momente hatten für uns von Anfang an immer auch mit unserer gemeinsamen Faszination für das Verwegene zu tun. Eines unserer ersten Dates war zum Beispiel ein Strafprozess gegen einen IS-Terroristen. Später gründeten wir eine Kreativagentur namens Arouse und starteten einen wöchentlich erscheinenden Comedy-Podcast namens »Couple Of«, der ebenfalls gerne den Fokus auf Unverschämtheiten in allen Varianten setzt. Kurz, unsere Vita verlangt geradezu ein Buch über Shitmoves von uns.

Und als Privatmenschen? Sind wir selbst mächtige Shitmover? Das möchten wir zwar vehement abstreiten, aber das würde der schlimmste Shitmover genauso machen. Also, beschreiben wir es mal so: Wir beide sind zum Zeitpunkt, da wir das hier schreiben, seit über sieben Jahren zusammen. Dabei sind wir nicht immer in allem einer Meinung. Wir streiten auch. Manchmal sogar –

immer seltener – heftig. Und es ist unmöglich, heftig zu streiten, ohne dabei Shitmoves einzusetzen! So weit ist das normal in Beziehungen. Aber da wir uns beide seit Jahren rund um die Uhr mit Kommunikation beschäftigen, fühlt sich für uns Streiten allmählich an wie Levels in einem Videospiel. Es wird immer schwieriger, mit den gängigen Shitmoves durchzukommen, denn wir entlarven sie in Echtzeit beieinander. Dadurch wird Streit zwar nicht unbedingt angenehmer. Eher abstruser. Aber auf jeden Fall etwas, woran wir wachsen. Vielleicht hilft dieses Buch auch in anderen Beziehungen, in Talkshows oder sogar in den von Shitmoves dominierten Onlinediskussionen, hier und da mal ein Level aufzusteigen. Hoffentlich.

Fast alle Probleme der Welt entstehen durch Kommunikation und lassen sich durch Kommunikation lösen. Nicht weniger möchten wir hiermit anbieten. Wir wären naiv zu glauben, dass ein Buch die Welt retten kann. In der bisherigen Geschichte der Menschheit ist ein solcher Anspruch noch jedes einzelne Mal nicht nur schief-, sondern sogar gewaltvoll nach hinten losgegangen. Andererseits wäre es zynisch, überhaupt keine Hoffnung auf Verbesserung zu setzen. Es ist aber weder ein Buch über Hoffnung noch über Fatalismus, sondern über Aufrichtigkeit. Nicht als fromme Pose, sondern als souveräne Antwort auf beschissene Kommunikation. Wir sehen darin nämlich viel mehr als lieb gemeinte Rhetoriktipps. Für uns spielen Shitmoves eine so zentrale Rolle im Leben, dass dieses Buch einen Wendepunkt markiert, weil wir heute Worte für unsere jeweiligen Erfahrungen und deren gemeinsame Nenner finden.

2. The King's Gambit

Der allerschlimmste Satz, den Iris jemals zu einem Menschen gesagt hat, lautete: »Entschuldigung, weißt du, wo hier die Tiefkühlpizzen sind?« Der Mann im Geschäft, den sie das fragte, brüllte sie dafür minutenlang dermaßen heftig zusammen, dass Iris die Tränen kamen und sie sich nie wieder traute, in dieses Geschäft zu gehen, aus Angst, dass der Mann wieder da sein könnte. Was hatte sie falsch gemacht? Sie hat ihn geduzt, obwohl die beiden sich gar nicht kannten.

Wenn du wie dieser Mann bist, dann liest du das hier vermutlich eh nicht mehr, weil du schon beim ersten Satz einen Wutanfall hattest. Aber es wäre einfach deplatziert, unsere Geschichten »Ihnen« zu erzählen. Denn wir werden uns jetzt über Stunden hinweg gemeinsam amüsieren, wundern und empören. Wir setzen uns zusammen mit dir in ein Wechselbad der Gefühle, und darin sprechen wir dich dann nicht als Herr Doktor Klöbner oder Herr Müller-Lüdenscheid an, sondern bieten dir das vertrauensvolle Du an. Als Iris und Matthias erzählen wir dir alles mit einer gemeinsamen Stimme – nur jetzt, im folgenden Teil, fragen wir uns zum Einstieg einmal gegenseitig, wie die Shitmoves eigentlich in unser Leben kamen. Los geht's.

Matthias, nach einer Auseinandersetzung denkst du noch wochenlang an die Diskussion. Du gehst sie Wort für Wort durch, suchst nach unbemerkten Shitmoves und überlegst dir im Nachgang, welche Antwort noch besser gewesen wäre. Manchmal beobachte ich dich dabei, wie obsessiv du in deinen Gedanken das

Gesagte sezierst und wie die Emotionen noch mal in dir hochkochen. Man könnte jetzt meinen, ich rede nur von Auseinandersetzungen mit mir oder anderen dir nahestehenden Menschen. Aber oft ist es einfach nur irgendein Fahrkartenkontrolleur, von dem du dich ungerecht behandelt fühlst. »NUR IRGENDEIN FAHRKARTENKONTROLLEUR?«, würdest du jetzt wohl dazu sagen. Denn was der in dir auslöst, gleicht diesen Szenen aus *The Queen's Gambit*, wenn Beth die ganze Nacht hellwach im Bett liegt und wie im Wahn an die Decke starrt, wo sie ein gigantisches Schachbrett sieht, auf dem sie ununterbrochen tausend Varianten durchspielt. Genau so liegst du abends im Bett, starrst an die Decke, projizierst diesen Kontrolleur dorthin und schiebst Worte wie Schachfiguren hin und her, bis du ihn irgendwann rhetorisch besiegt hast. Und ich liege dann neben dir, starre dich an und frage mich: Warum zur Hölle bist du so?

NUR IRGENDEIN FAHRKARTENKONTROLLEUR? Iris, den würde ich in einem Film als Stasi-Paragraphenreiter besetzen! Dass du ihn hier überhaupt als Beispiel bringst, ist schon ein Shitmove, jetzt muss ich mich erst mal rechtfertigen: Ich bin mal in Berlin spontan zwei Stationen mit der Tram gefahren. Ich hätte auch zu Fuß laufen können, aber es war arschkalt, und die Tram hielt gerade so praktisch neben mir, also war ich halt kurz bequem. Obwohl es nur so eine superkurze Fahrt war, hab ich Depp mir am Automaten in der Tram ein Kurzstreckenticket gezogen. Kaum hatte ich's, musste ich auch schon wieder aussteigen. Nur einen Schritt weiter wartete ein Mülleimer, in den ich mein gerade erst gekauftes Ticket warf.

Und was fällt mir nach zwei Sekunden in der Kälte auf? Dass ich meine Handschuhe in der Tram auf dem Automaten vergessen hab! Zum Bedienen des Displays und zum Bezahlen hatte ich sie kurz ausgezogen. Noch steht die Tram da, also springe ich sofort noch mal rein, dränge mich an den Zugestiegenen vorbei, packe meine Handschuhe, will wieder raus, aber da schließen sich vor meiner Nase die Türen, und die Tram fährt los. Ich rüttele noch frustriert an der Tür, drücke ein paarmal den Stopp-Knopf wie so ein Spielautomatensüchtiger in Las Vegas und bemerke erschrocken, dass ausgerechnet in dieser Situation dieses elende »Juten Tag, Fahrscheine bitte!« ertönt. Ich will sofort wieder zum Automaten, aber der verdammte Kontrolleur hat mich längst im Blick und deutet mein Verhalten ganz klar als Fluchtversuch.

Das finde ich übrigens völlig nachvollziehbar, wenn ich mein Verhalten der letzten zehn Sekunden durch seine Augen Revue passieren lasse. Also gehe ich einfach direkt zu ihm hin und erkläre ihm freundlich und aufrichtig den Sachverhalt. Halte ihm meine Handschuhe hin, als wären sie ein Beweis. Mir fällt ein, dass mich doch andere Fahrgäste gesehen haben müssen, wie ich noch vorhin am Automaten bezahlt hab und eigentlich schon ausgestiegen bin. »Fragen Sie die Leute, das war wirklich so«, bitte ich ihn, aber an seinem Blick erkenne ich schon, dass er längst weiß, wie er mit der Sache umgehen will.

Und hier kommt der Grund, warum mich die Ungerechtigkeit dieser Geschichte auch später noch beschäftigt hat. Man sollte doch annehmen, dass er nach meiner Erklärung vor der einfachen Wahl steht, mir entweder zu glauben und mich gehen zu lassen oder aber mir das nicht abzukaufen. Aber dieser Sack antwortet: »Gloob ick Ihnen ja allet! Aba 'ne Fahrkarte ham wa jetz nich, wa? Also Ausweis bitte.« Ein Trotzmove! Und ich muss 60 Euro Strafe zahlen für ein paar dumme Zufälle, die jedem passieren könnten! Was soll ich denn da noch sagen, wenn er mir den Verlauf sowieso schon glaubt? Ist es nicht ganz normal, sich darüber auch später noch zu ärgern? Wenn du recht hättest, dass ich auf solche Erlebnisse zu obsessiv reagiere, würden meine Emotionen darüber ja heute immer noch hochkochen.

Ach Scheiße, sie tun es! Du hast recht, Schachmatt.

Ich suche mal in meiner Kindheit nach der Antwort auf deine Frage, warum ich so bin. Wenn ich an meinen Vater denke, erinnere ich mich an ein paar typische Ausrufe von ihm. So wie Homer Simpson »D'OH!« schreit und zu Bart »Na warte, du …« sagt, bevor er ihn würgt, hatte auch mein Vater Catch Phrases. Seine waren: »Weil ich das sage. Basta« und »Drrrt! Keine Widerrede!«, mit extrastreng gerolltem R und drohend aufgerissenen Augen. Das war sein Versuch, mir zu erklären, warum ich dieses nicht darf und jenes muss.

Meine Mutter war das komplette Gegenteil. Sie begründete alles argumentativ. Mir fällt keine einzige erzieherische Äußerung oder Handlung von ihr ein, deren Erklärung nicht ein eigenes Kapitel in einem Buch füllen könnte.

Und da ich dieses Kontrastprogramm schon spüren durfte, noch bevor ich denken konnte, hatte ich ein hocheffektives Paket aus positiver und negativer Bestärkung, die gemeinsam in dieselbe Richtung zielten: **Argumente = super!   Shitmoves = Scheiße!**

Wenn etwas durchdacht und klug verargumentiert wird, fühlt es sich gut und richtig an, diesen Argumenten entsprechend zu handeln. Dann ist das im Grunde keine vorgegebene Regel mehr, sondern zumindest teilweise mein eigener Wille. Auf jeden Fall findet das Gespräch darüber dann auf Augenhöhe statt.

Dagegen machen mich unbegründete Autoritätsansprüche immer zuverlässig wütend. Im Prinzip sind Shitmoves ja nichts anderes. Sie müssen nicht immer so durchschaubar und angreifbar klingen wie »Weil ich das sage. Basta«. Das ist übrigens Nummer 11, der Quellen-Shitmove. Aber im Grunde wollen sie ja alle dasselbe: die Kompensation fehlender Argumente. Und weil es oft nicht einfach ist, das zu durchschauen und sich dagegen zu wehren, liege ich nachts wach und denke noch mal über vergangene Schlachten nach.

In dieser Geschichte fehlt nun aber noch ein wichtiger Wendepunkt. Und der bist du, Iris. Denn wenn ich ehrlich bin, dachte ich bisher meistens über vergangene Schlachten nach, um nächstes Mal besser gewinnen zu können. Jetzt schreiben wir hier zusammen dieses Buch und erklären, dass es eigentlich nicht ums Gewinnen der Auseinandersetzung gehen sollte, sondern ums Gewinnen des Gegenübers. Diese Erkenntnis habe ich erst durch dich gewonnen. Mit dir war Streiten plötzlich etwas anderes. Hinterher stehen wir einander jedes Mal gegenüber und sagen beide denselben Satz: **»Ich verstehe jetzt, was in dir vorgegangen ist!«**

Wer hat denn gewonnen oder verloren, wenn wir beide verstehen, was im jeweils anderen vorging? Ich glaube, jeder Mensch kennt diesen verzweifelten Versuch, im Streit mit Familie oder Partner auf wiederkehrende Shitmoves hinzuweisen, um sich zu wehren: »Da machst du's schon wieder! Das machst du jedes Mal! Es geht mir so auf den Sack!« Mit dir kann ich in so einem Moment sagen: »Hey, das ist jetzt genau diese Sache, bei der du mich doch letztes Mal verstehen konntest. Gehen wir diesmal anders damit um.«

Und deshalb frage ich dich zum Schluss zurück: Du hast diesen Wendepunkt in mein Leben gebracht, weil deine Empathie größer ist als dein Ego – wie bist du zu diesem Menschen geworden?

Durch Schläge. Es ist 1990, und *Another Day in Paradise* von Phil Collins trendet auf Platz eins der Charts. Ich stehe mit einem blutigen Bein vor meiner Mutter in ihrem Kiosk, als dieser Song im Radio läuft. Sie ist völlig entsetzt und fragt: »Was ist passiert? Warum bist du hier?« Ich bin noch völlig aus der Puste und den Tränen nahe. Zu diesem Zeitpunkt bin ich vier Jahre alt und gerade aus dem katholischen Kindergarten von – nennen wir sie – Schwester Violenta weggerannt. Ich habe ein Puzzle nicht richtig fertig gepuzzelt und daraufhin die Hand Gottes in aller Härte zu spüren bekommen. Das geschieht oft, und ich bin auch nicht das einzige Kind im Kindergarten, dem das widerfährt. Nur dieses Mal war es anders als sonst, die Schläge waren brutaler, und ich wurde gegen einen Pfosten geschleudert, woraufhin ich weggerannt bin.

Erst jetzt, da ich vor meiner Mutter stehe, merke ich, dass mein Bein blutet. Ich sehe, wie ihre Lippen vor Wut zittern. Ohne nachzudenken, schließt sie den Kiosk ab und stürmt direkt zu Schwester Violenta.

Im Kindergarten angekommen, konfrontiert meine Mutter sie: »Was hast du meiner Tochter angetan?«

Schwester Violenta ist nervös und murmelt improvisierte Ausreden: »Iris ist hingefallen und einfach abgehauen!«

Meine Mutter durchschaut sie augenblicklich und packt die Schwester an ihrem Gewand, zerrt sie über den Tisch, blickt ihr fest in die Augen und droht: »Du wirst Gott niemals mehr so nahe sein wie jetzt!«

Schwester Violenta hat danach nie wieder ein Kind geschlagen, und der Kindergarten musste einige Monate später schließen, da weitere Beschwerden über Fälle von Kindesmisshandlung laut geworden waren.

Zugegeben, das ist jetzt kein gelungenes Beispiel für einen souveränen Umgang mit Shitmoves, da es hier noch nicht einmal zu einem Austausch von Argumenten gekommen ist. Aber ich war schon früh mit diesem »Hier stimmt doch was nicht«-Gefühl vertraut. Wenn du als Kind »in Gottes Namen« verprügelt wirst. Wenn sich jemand wie so eine Schwester Violenta die offensichtlichste Ungerechtigkeit erlaubt, aber keine Verantwortung dafür tragen will. Und wenn du spürst, dass dir das passiert, weil du ein leichtes Opfer bist. Als Kind ja sowieso, in meinem Fall kam aber noch hinzu, dass meine Mutter im Kiosk arbeitete und mein Vater erst kürzlich verstorben war.

Im Kiosk finde ich übrigens weitere Antworten auf deine Frage, was mein heutiges Streitverhalten am stärksten geprägt hat. Der Laden hatte 365 Tage im Jahr offen, und das gesamte Leben unserer winzigen Familie, bestehend aus meiner Mutter, meinem älteren Bruder und mir, fand zwischen Naschtüten, Zigarettenschachteln und Eiskonfekt statt. Und dadurch, dass wir nie in den Urlaub fahren konnten, waren wir über Jahrzehnte hinweg eine Konstante im Leben einiger Menschen aus Hanau. Von 6 Uhr morgens bis 22 Uhr abends kamen die Leute, teilweise mehrmals am Tag. Und zwar selten nur, um irgendetwas zu kaufen. Den meisten ging es auch darum, jemanden zum Reden zu haben. Der Kiosk war mehr als nur ein Umschlagplatz für die ungesündesten Waren, die man auf legalem Weg bekommen konnte, er war eine Begegnungsstätte.

Jeden Tag tauchten Persönlichkeiten aus den unterschiedlichsten Milieus auf und diskutierten über die aktuelle *Bild*-Schlagzeile. Diese Diskussionen waren natürlich nicht so intellektuell wie in einer Polit-Talkshow – wie gesagt, es ging ja auch um die *Bild*-Schlagzeile. Aber oft passierte etwas, das mich bis heute zutiefst prägt: Am Ende gab es so etwas wie Konsens. Es war, als ob zwischen Zeitschriften, Pfläumchen und Kaugummis alle ihren gesellschaftlichen Status ablegten. Im Kiosk zählten die eigenen Prägungen als Argumente für Ansichten. Meine Mutter lehrte mich schon früh, wie wichtig es ist, andere zu verstehen, und dass Zusammenhalt in einer Gesellschaft nur dann funktioniert, wenn wir offen miteinander reden. In TV-Talkshows sah ich Menschen dabei zu, wie sie versuchten zu gewinnen; im Kiosk beobachtete ich dagegen meine Mutter, wie sie Menschen für sich gewann.

Bis heute konzentriere ich mich bei Menschen nicht auf ihren Status, sondern auf ihren Umgang mit anderen, besonders mit denen, die vermeintlich unter ihnen stehen. Und das bringt mich dann auch auf den Grund, warum ich dieses Buch mit dir schreiben möchte: Ich denke, wenn wir einander sehen und verstehen, warum wir alle manchmal Shitmover sind – und vor allem, wie wir damit aufhören können –, dann wertet das unsere Gesellschaft auf. Denn dann werden wir uns nicht mehr als wehrlose Opfer empfinden, sondern uns selbst im anderen wiedererkennen und zwischenmenschliche Bindungen auf ganz andere Level bringen.

Erst durch dich habe ich verstanden, dass es Shitmoves gibt. Vorher habe ich das Problem immer nur als ein »ungutes Gefühl« bei gewissen Personen empfunden. Auch wenn ich es reflektieren und benennen konnte, was mich störte, lag mein Fokus dabei aber nur auf der Persönlichkeit des anderen. Mein Blick war gröber. Du hast mir dann konkrete Techniken und Scheinargumente erklärt und das durchaus auch mal in dem einen oder anderen Streit zwischen uns beiden demonstriert. Ich werde nie vergessen, wie du mir bei einem schlimmen Streit gesagt hast: »Hol dir jetzt keine imaginären Zeugen zu deiner Argumentation!« Ich dachte, du willst mich komplett verarschen. Was für imaginäre Zeugen? Ich hatte doch recht! Aber man kann eben recht haben und trotzdem Shitmoves einsetzen, das schließt sich nicht gegenseitig aus. Und genau das muss ich rückblickend für diesen einen Fall zugeben. Ich hab damals das eingesetzt, was wir heute als Team-Shitmove bezeichnen, und du hast es durchschaut.

Dieser Blick auf Argumentationstechniken hat mir eine neue Welt offenbart. Ich achte jetzt nicht mehr nur darauf, was jemand sagt, sondern auch auf die Formulierung, aufs Timing und ganz besonders auf die versteckte Absicht dahinter.

3. Für wen ist dieses Buch?

Für Menschen, die mit Spielzeug sterben. Das klingt bizarr, aber hier kommt die Erklärung: Jedes Jahr erscheint eine Liste der 400 reichsten Menschen in den USA. Malcolm Forbes hat das gleichnamige Magazin von seinem Vater geerbt und 1982 die berühmte Forbes-Liste eingeführt. Und diesem Mann, Malcolm Forbes, wird ein Zitat zugeschrieben, das perfekt zu dieser Mentalität passt, die man für eine Rangliste des Superreichtums braucht. Es lautet: »He who dies with the most toys wins.« Wer mit dem meisten Spielzeug stirbt, gewinnt. Das ist mit Blick auf die Forbes-Liste zwar zunächst materiell zu verstehen, aber lesen wir diesen Spruch doch mal als Metapher für Macht und Streit: Wer sich im Leben am dominantesten durchsetzt, der gewinnt.

Wenn dir bei dieser Weltanschauung dezent übel wird, freut es dich vielleicht, dass du damit in anständiger Gesellschaft bist. Denn schon das Originalzitat hat offenbar vielen Menschen mit feinerem Wertekompass zu sehr nach Shitmoves gestunken, und es wurde abgewandelt in: »He who dies with the most toys still dies.« Wer mit dem meisten Spielzeug stirbt, stirbt trotzdem. Oder auf Macht und Streit bezogen: Wer sich im Leben am dominantesten durchsetzt, stirbt ebenso wie alle anderen.

Eine ziemlich existenzielle Antwort auf die harmlose Frage, für wen dieses Buch ist. Aber dieser Satz in seinen zwei Varianten bringt es so treffend auf den Punkt. Du kannst dich aus zwei verschiedenen Perspektiven mit Shitmoves beschäftigen: **He who dies with the most toys wins.**

Gefällt dir diese Version, dann kannst du dir hier frische Inspiration holen! Wenn du selbst gern mit Shitmoves arbeitest, ist dieses Buch dein Dojo. Wir geben eigene, beobachtete und fiktive Beispiele, suchen nach bewährten, verbreiteten, beeindruckenden und überraschenden Shitmoves, die selbst klar unterlegenen Standpunkten noch eine Chance auf ein vermeintliches Unentschieden oder sogar auf Triumph versprechen. Vor allem aber versprechen sie Spaß: Wenn wir eine Comicfigur namens »Der Shitmover« zeichnen würden, bekäme sie sicher von den meisten ein gemeines Grinsen verpasst. In Niedertracht steckt auch immer wenigstens eine Spur von Schadenfreude – sonst könnten wir ja einfach klasse miteinander umgehen, was aber für einen Fan dieser Version des Zitats halt ein Zeichen von Schwäche wäre. Ganz im Gegensatz zur zweiten, abgewandelten Formulierung: **He who dies with the most toys still dies.**

Ziehst du diese Version des Zitats vor, kann dieses Buch dir dabei helfen, die Shitmoves deines Gegenübers zu erkennen und dich dagegen zu wehren. Für die Verteidigung gegen Shitmoves gilt die Faustregel: *Name it and tame it* – Blicken und Knicken. Wörtlich: Benenne und zähme es! Das englische *Name it and tame it* klingt, ebenso wie Shitmoves, natürlich viel griffiger. Aber unter »Scheißbewegungen« würde man sich vermutlich eher ein Buch über Schließmuskeltraining oder Nationalismus vorstellen. Und »Blicken und Knicken« ist ein kläglicher Versuch, Bedeutung und Charakter ins Deutsche zu hieven – aber eigentlich ist ja viel wichtiger, welches Prinzip dahintersteckt: Wer eine miese Taktik benennt, hat höhere Chancen, sie dadurch zu entkräften, um dann vom Gegenüber zu fordern, den eigenen Standpunkt mit aufrichtigen Argumenten zu verteidigen. Theoretisch. Praktisch ist das meistens nicht ganz so einfach. Wir werden im Folgenden bei jedem einzelnen Shitmove versuchen, über diese Faustregel hinaus geeignete Gegenstrategien zu finden und sie praktisch anwendbar zu formulieren.

KAPITEL 2

RHETORISCHE SHITMOVES

Vorweg eine rhetorische Frage: Sind wir uns einig, dass es von Vorteil für alle Beteiligten ist, fair und aufrichtig zu kommunizieren? Wir gehen optimistisch davon aus, dass fast jeder Mensch darauf mit Ja antworten dürfte. Vielleicht sogar jemand wie Donald Trump, der sich doch bei jeder Gelegenheit beklagt, dass es an Fairness in der Berichterstattung über seine Shitmoves mangelt.

Gerade an seinem Beispiel wird sichtbar: Eine starke Motivation für das Gegenteil von fairer und aufrichtiger Kommunikation kann einfach Entertainment sein. Um nicht erneut wiederzukäuen, welche Tiefschläge dieser fleischgewordene Shitmove konstant nutzt, mit der erfolgreichen Kalkulation, dass er damit die komplette Medienwelt am laufenden Band provozieren und so unsere Aufmerksamkeit strapazieren kann, schauen wir lieber auf eine Plattform, die ihn dafür vorübergehend verbannt hatte: Twitter. Dort ging es ja auch ohne Trump nicht fairer zu. Zu jeder Zeit ist eines der wichtigsten Erfolgskriterien für Tweets, und generell für Onlinekommentare, eine möglichst witzige Polemik. Wer eine vielleicht durchweg berechtigte Kritik aufrichtig und in einem angemessen ausführlichen Thread liefert, wird dafür normalerweise nicht mal annähernd so sehr gefeiert wie jemand, der die gleiche Kritik verkürzt und pointiert, aber eben auf Kosten der Fairness formuliert.

Entertainende Shitmoves werden belohnt.

Im Grunde ist die Motivation also Eitelkeit. Es schmeichelt unserem Ego, wenn Tausende unsere Gemeinheiten amüsant finden. Aber selbst ohne Publikum ist es unser Ego, das uns zu Shitmoves verführt. Triumph ist einfach ein gutes Gefühl. Und selbst wenn wir ahnen, dass es wohl kein glatter Sieg wird, dann will unser Ego wenigstens vor dem Gegenteil des schönen Gefühls bewahrt werden. Vor der kompletten Niederlage. Denn die tut nicht nur ein bisschen weh. An dieser Stelle müssen wir mal unser maximales Mitgefühl für Shitmover auffahren: Die Angst vor der Niederlage im Diskurs ist existenziell.

Denn viele Menschen verwechseln sich selbst mit ihren Meinungen.

Wir können doch nicht das zerstören lassen, was uns Identität gibt! Also greifen wir manchmal gleichsam aus Existenzangst zu Shitmoves. Vermutlich geschieht das sogar häufiger unbewusst und reflexartig als ganz bewusst mit machiavellistischer Intelligenz und Strategie. Kurz, diese drei egoistischen Motivationen stecken hinter unseren Shitmoves:

1. **Entertainment**
2. **Triumph**
3. **Angst vor Niederlage**

Und? Wem hilft's, diese Motivationen auszumachen? Können wir damit schon etwas anfangen?

Aber sicher! Shitmoves zu benennen und dadurch zu entkräften, ist eine Frage der Technik und Übung. Aber die Erkenntnis, warum unser Gegenüber sich ihrer bedient, bringt uns doch einen grundlegenden Schritt weiter: Solange wir die gegnerische Intention nur als Angriff gegen uns selbst betrachten, werden wir mit hineingezogen in den Shitmove-Zwang. Dann müssen wir auch Fäkalien schleudern und dabei auch noch versuchen, sauber auszusehen. So anstrengend, hey!

Eigentlich hat die Polemik des Shitmovers aber ja gar nicht wirklich etwas mit uns zu tun. Es geht der anderen Person nur um sich selbst. Das zu erkennen und zur Grundlage der eigenen Reaktion zu machen, ist die Voraussetzung für echte Souveränität. Dabei lösen wir das Drama der drei Motivationen auch noch ganz beiläufig auf. Denn wer souverän ist, kann alle entertainen, nicht nur das eigene Lager, und braucht weder zu triumphieren noch eine Niederlage zu vermeiden. Diese Kategorien sind irgendwo da unten. Stehen wir drüber.

Gut, aber ist das einfach? Wenn es einfach wäre, würden nun nicht 272 Seiten voller Shitmoves folgen, deren Zweck meist darin besteht, uns in unserer Souveränität wieder umzuballern. Niemand ist unverwundbar beziehungsweise unbescheißbar. Selbst wer alle 272 Seiten auswendig lernt – was im Übrigen sowieso nicht das Ziel ist. Sondern Spaß und Aha-Momente. Also, wühlen wir uns mal zusammen durch die gängigen Shitmoves.

#1

DISS MOVE

💩

Der persönliche Angriff

Matthias: »Komm, wir starten mit dem Dissmove.«
Iris: »War so klar, dass du ausgerechnet damit anfängst.«
Matthias: »Was willst du damit sagen?«
Iris: »Nichts, was du begreifen würdest …«
Matthias: »Ey!«
Iris: »Voilà. Der Dissmove.«

Wir befinden uns im Jahr 1998. Die ganze Welt entdeckt gerade das Internet ... Die ganze Welt? Nein! Ein von unbeugsamen Fernsehzuschauern bevölkertes Land hört nicht auf, der beginnenden Digitalisierung Widerstand zu leisten. Deutschland ist vom Internet so beeindruckt wie Asterix und Obelix von den Römern: gar nicht. Beeindruckt ist man hier von Thomas Gottschalk. Denn der hat bei *Wetten, dass..?* immer die absoluten Weltstars zu Gast, die Götter persönlich! Und wie behandelt er sie? Unbeeindruckt. Er duzt sie, betatscht ihre Knie, nennt sie »Kinder« und lässt sie über Erfolg und Versagen von Gabelstaplerfahrern wetten.

Für viele internationale Promis fühlt sich die Sendung einfach wie ein skurriler Traum an, so erzählen sie oft hinterher an anderer Stelle. Aber sie können das Erlebnis mit Humor nehmen, denn wer in allen anderen Shows wirklich wie die Götter behandelt wird, kann amüsiert drüberstehen, wenn mal das Gegenteil passiert. In dieser Geschichte geht es aber um einen deutschen Schauspieler, der das überhaupt nicht konnte und uns dadurch ein paar beispielhafte Dissmoves lieferte. Da sich das Internet gegen jeden Widerstand dann doch noch selbst in Deutschland durchgesetzt hat, findet man die folgende Szene auf YouTube unter dem Titel »Wetten dass – Streit mit Götz George (Original 1998)« und kann sich dieses Stück TV-Geschichte in die Gegenwart holen. Also, schnapp dir 'ne Handvoll Gummibärchen, und los geht's.

Es gibt natürlich immer einen Grund, warum diese oder jene Promis zu Gast in einer großen TV-Show sind: Werbung. Das neue Album muss promotet werden, das neue Buch oder, wie in unserem Beispiel, der neue Film. Corinna Harfouch und Götz George sitzen also auf dem bunten Plüschsofa, weil sie die Massen ins Kino locken sollen. Sie haben einen Film namens *Solo für Klarinette* gedreht. Und Götz George ist ein sehr ernsthafter Schauspieler. So sehr, dass ihn kaum jemand noch ernster nehmen kann als er sich selbst, schon gar nicht ein Moderator, der vor allen Dingen eines ist: unbeeindruckt. Und so wird aus dem Auftritt ein Streit, in dem der Schauspieler einen Dissmove nach dem anderen bringt. Die bloße Idee, eine solche Promotion als Chance zu nutzen und das Publikum für sich zu gewinnen, scheint George nicht nur außer Acht zu lassen, sondern sogar zu verachten. Das Einzige, was er gewinnen will, ist die größtmögliche Distanz zu dieser seichten Spaßkultur. Deshalb bezeichnet er Thomas Gottschalk als Oberlehrer und disst sein Geplänkel: »Komm auf den Film zu sprechen, der ist mir wichtiger als das, was du redest.« Nur um sich dann zu beschweren, dass der Film eigentlich nicht in diese Runde passe, worauf Thomas Gottschalk sich erstmals deutlich wehrt: »Ach komm, bin ich zu dumm?!«

Was für eine klassische Reaktion, die wir vermutlich alle kennen, wenn die anfangs vielleicht noch subtilen persönlichen Angriffe sich nicht mehr übergehen lassen und man es mit immer weiter eskalierenden Dissmoves zu tun hat! Götz George lässt hier aber nicht nach, denn sein Film ist »kompliziert« – und wenn Gottschalk darauf scherzt, er selbst sei doch auch kompliziert, verspottet George ihn: »Ja, das wissen wir alle, das wissen wir. Du hast durch deine Filme wirklich sehr viel gezeigt, wie kompliziert du bist.« Das zunehmend buhende Publikum hält ihn nicht davon ab, auch weitere Scherze des Moderators als blödsinnig und dumm zu bezeichnen.

Gut, was wir mit Dissmove meinen, liegt ja längst auf der Hand. Dissen kommt vom englischen *to disrespect* und hat es sich mittlerweile in der deutschen Sprache bequem gemacht. Fast lautmalerisch bringt es den persönlichen Angriff zum Ausdruck, das Runterputzen, das Anpissen, oder wie die alten Römer es nannten, *Argumentum ad hominem*, wahlweise auch *Argumentum ad personam*, ein Scheinargument gegen den Menschen oder gegen die Person. Aber die alten Römer finden wir ja nicht so beeindruckend, wir brauchen es griffiger: Dissmove.

Es ist kein besonders komplizierter und vielleicht deshalb so häufig verwendeter Shitmove. Wir haben doch alle sofort etliche Beispiele im Kopf, wo es offenbar leichter fällt, das Gegenüber persönlich anzugreifen als dessen Standpunkte. Der fünfminütige *Wetten-dass*-Clip ist aber so schön aufschlussreich und transparent. Denn wir erkennen dort nicht nur den generell repräsentativen Grund für Georges Dissmoves gegen Gottschalk, sondern auch viele funktionierende und scheiternde Reaktionen darauf. Schauen wir uns doch zunächst mal diesen generell repräsentativen Grund genauer an.

Warum setzen wir so gern Dissmoves ein?

Weil wir uns selbst angegriffen fühlen und im Angriff die beste Verteidigung sehen. Götz George ist von Anfang an gekränkt. Kurz vor dem Auftritt bei *Wetten, dass..?* hat die *Bild*-Zeitung dem Film, wie er es formuliert, »bereits einiges eingeschenkt«, und am liebsten würde er die blöde Kritik öffentlich revidieren. Aber Thomas Gottschalk steht ihm dabei im Weg, denn er nimmt ihn leider nicht ernst genug. Was ihm nicht als böse Absicht ausgelegt werden muss, es ist vielmehr sein Versuch, die spürbare Spannung abzubauen. Gottschalk ist das Problem nämlich offensichtlich schon aus den Vorgesprächen genau bewusst: »Bisschen auf den Götz aufpassen, ich weiß: Auftritte und Unterhaltungssendungen liebt er noch mehr als Interviews mit der *Bild*-Zeitung, gell?« Er will ihn also wohl nicht mit Absicht provozieren. Tut es aber mit jedem zweiten Satz. Denn sein unbeeindruckt-jovialer Moderationsstil verführt ihn ständig dazu, sich mit Götz George verbrüdern zu wollen. Kaum bestätigt Corinna Harfouch, sie habe Spaß mit ihrem Kollegen gehabt, schon boxt Gottschalk kumpelig seine Schulter und ruft: »Also isser lustig! Na bitte, Mensch, gib's doch zu! In Wirklichkeit isser nämlich ein Kerl wie ich.«

Daran liegt's! Götz George möchte eben nicht auf einer Ebene mit dem Hauptdarsteller aus *Zwei Nasen tanken Super* gesehen werden. Das mag erst mal eitel wirken, aber im Anschluss an seine Dissmoves beschreibt Götz George das allem zugrunde liegende Prestigeproblem des deutschen Films im internationalen Vergleich, wodurch man sein verletztes Ego vielleicht besser nachvollziehen kann. Und genau darum geht's doch hier!

Wir haben alle schon Dissmoves gebracht, weil wir einfach nicht souverän bleiben konnten. Wir greifen die Identität des anderen an, weil wir unsere eigene bedroht sehen. In manchen Fällen, weil wir uns wie Götz George völlig falsch gesehen fühlen, dann müssen wir das vehement von uns weisen und dem Gegenüber aus Rache einen Dissmove verpassen. In anderen Fällen, weil wir uns auf unangenehm zutreffende Weise durchschaut fühlen, was uns auch wieder nicht in den Kram passt, also dissen wir zum Beispiel die Beobachtungsgabe des Gegenübers als hohle Küchenpsychologie und lenken mit diesem Gegenangriff von uns ab.

Es könnte sein, dass besonders empfindliche Egos in der Kunst häufiger anzutreffen sind. Gerade während dieses Buch entsteht, lesen wir in der Zeitung von einem Ballettdirektor, der sich über Jahre hinweg von einer Kritikerin dermaßen ungerecht behandelt fühlte, dass er den Kot seines Dackels in einer Tüte mit in die Premiere nahm und ihn der Frau während der Pause ins Gesicht schmierte. Ein buchstäblicher Shitmove! Für den er auch umgehend gefeuert wurde.

Aber nur weil das gekränkte Ego in der Welt der Kunst oft so dramatisch und tabulos Rache übt, heißt das nicht, dass der Dissmove nur dort so häufig vorkommt. Wer sich nie trauen würde, Thomas Gottschalk in seiner eigenen Show zu dissen, erlaubt sich vielleicht in der Intimität des Beziehungsstreits oder in der Anonymität der sozialen Medien umso heftigere Aggressionen. Auch in der Politik ist der Dissmove keine Seltenheit. Kommen wir also zu der nächsten zentralen Frage nach dem Umgang damit.

Wie reagiert man am besten auf Dissmoves?

Aus den bisherigen Beobachtungen der Dissmove-Dynamik bei *Wetten, dass..?* können wir schon mal die Faustregel ableiten, dass sich der typische Dissmover eigentlich zuerst selbst gedisst fühlt. Wenn wir also in einer Auseinandersetzung plötzlich Dissmoves abbekommen, dann haben wir möglicherweise ebenso wie Thomas Gottschalk unbewusst einen wunden Punkt bei unserem Gegenüber getroffen und dadurch, noch ehe wir die Gründe dafür begreifen, selbst den Gegenangriff provoziert. Und schon bei dieser Formulierung ruft Gottschalk zu Recht sein typisches »Obacht!«, denn das klingt ja, als müssten wir die Schuld bei uns suchen. Nein! Grundsätzlich tragen wir keine Verantwortung für die Shitmoves anderer Menschen. Das zu behaupten, wäre ein Opfer-Shitmove, zu dem wir noch kommen werden.

Oft hat die Kränkung des Gegenübers gar nichts mit uns zu tun. Besonders in Beziehungen kommt es schon mal vor, dass man den eigentlich geliebten Menschen mit Dissmoves traktiert, weil man zum Beispiel selbst im Job gedisst wurde:

»Gut, dass du da bist, Schatz, kannst du schnell die Wäsche aufhängen?«

»Darf ich vielleicht erst mal kurz ankommen?! Weißt du, manche Menschen haben wirklich anstrengende Arbeit, auch wenn du dir das nicht vorstellen kannst!«

Sollte so etwas standardmäßig passieren, ist es Zeit, die Beziehung zu hinterfragen. In toxischen Beziehungen kommen alle möglichen Shitmoves als sadistisches Machtinstrument zum Einsatz, oft auch völlig ohne Provokation. Und dann bringt dieses Buch leider nichts mehr, da kann nur Paartherapie oder Trennung helfen. Bleiben wir also bei Situationen, in denen es noch möglich und sinnvoll ist, einander gewinnen zu wollen.

Wenn wir erkannt haben, dass der typische Dissmover sich zuerst selbst gedisst fühlt, bleibt es trotzdem noch eine Zumutung, direkt Verständnis dafür aufzubringen, denn so ein richtiger Dissmove erledigt ja seinen Job: Auch wir sind dann erst mal perplex, verunsichert, oft auch verletzt.

Und genau hier wird's spannend! Können wir dann überhaupt noch entscheiden, wie wir reagieren wollen? Oder fühlen wir uns so getroffen, dass wir zur Verteidigung selbst Shitmoves brauchen? Denn dann gibt es ganz schnell kein Zurück mehr, und es wird gedisst, bis einer weint. Und das wäre noch harmlos, wir können uns alle noch viel schlimmere Eskalationsszenarien ausmalen. Später wird dann auch noch wertvolle Lebenszeit mit der Frage verschwendet, wer angefangen hat. Die Antwort ist fast immer völlig egal.

Der englische Programmierer und Autor Paul Graham hat in einem Essay namens *How to disagree* untersucht, wie sich Menschen insbesondere im Internet in Diskussionen hineinsteigern. Und er formuliert die Grundlage für die beste Reaktion auf Dissmoves so: »Keep your identity small« – Lass deine Identität klein. Wenn wir uns nicht (allzu) gedisst fühlen, müssen wir nicht zurückdissen. Dann behalten wir uns die Freiheit, souverän und im besten Fall sogar humorvoll zu reagieren. Thomas Gottschalk macht das gar nicht mal so übel. Dieselbe Eigenschaft, mit der er Götz George vermutlich unbeabsichtigt so verärgert hat, nämlich diese unbeeindruckte Art, wird im Konflikt zu seiner größten Stärke.

Zunächst ist an seiner Körpersprache klar erkennbar, dass die Dissmoves ihn durchaus treffen. Aber dann behält er, ähnlich einem Boxer, eine Art tänzelnde Freiheit für verschiedene Optionen. Er belässt es nicht bei der empörten Frage: »Ach komm, bin ich zu dumm?!«, als er hört, dass der komplizierte Film bei ihm falsch aufgehoben sein soll, sondern schmeißt hinterher: »Bin ich noch keine 18? Oder bin ich dir moralisch nicht gewachsen?«

Das Publikum lacht, und uns macht die Szene auch heute noch irgendwie Spaß. Zugegeben, Corinna Harfouch und die anderen Gäste auf dem Sofa wirken maßlos überfordert von der Situation. Besonders die beiden Schumi-Brüder gucken wie kleine Kinder bei der Scheidung ihrer Eltern. Aber Gottschalk tänzelt weiter. Wenn das Publikum buht, stimmt er spielerisch mit ein und ruft »Stimmung, Stimmung!« – allerdings, und das ist wichtig bei so einer Reaktion, tut er das, ohne über Götz George zu triumphieren. Vielleicht hat er da schon erkannt, dass dieser eigentlich aus der Defensive heraus angreift.

In jedem Fall haben Gottschalks Reaktionen den erwünschten Erfolg. Während George eigentlich schon weiß, dass er mit seinen Dissmoves weder die Lösung seines ja viel komplexeren

Problems mit der Medienbranche noch Sympathien im Publikum gewinnen kann, gewinnt Gottschalk immerhin Letzteres. Vielleicht ist es eine klassische Zutat im Erfolgsrezept für Show-Moderation, gelegentlich über sich selbst zu scherzen und auf diese Weise die eigene Identität kleinzuhalten. In jedem Fall ist es eine starke Antwort auf Dissmoves.

Eine weitere effektive Methode lässt er ungenutzt: die Frage. Schlicht und ehrlich, zum Beispiel: »Götz, was ist denn gerade das eigentliche Problem?« So eine Reaktion ist für viele Shitmoves gut geeignet. Auch das typische Beziehungsbeispiel von oben hat ja gewaltiges Eskalationspotenzial, das durch eine Frage aufgelöst oder wenigstens verzögert werden kann:

»Weißt du, manche Menschen haben wirklich anstrengende Arbeit, auch wenn du dir das nicht vorstellen kannst!«

»Hey. Du greifst mich an. Warum? Bin ich hier gerade dein Problem, oder worum geht's wirklich?«

Wenn du dich persönlich attackiert fühlst, aber es dir noch gelingt, souverän genug dafür zu bleiben, dann frag so aufrichtig wie möglich nach dem Grund. Versetz dich in die Lage des Dissmovers. Wenn deine Frage nicht passiv-aggressiv, sondern wirklich empathisch und ehrlich rüberkommt, kann das so überraschend und entwaffnend wirken, dass dein Gegenüber dir im besten Fall sogar dankbar ist. Weil man dann bei der Suche nach einer ehrlichen Antwort das Gesicht wahren kann, selbst wenn man vor wenigen Sekunden noch in Angriffshaltung war.

Wenn von den letzten Seiten nur eine einzige Sache hängenbleibt, dann lass es die Erkenntnis sein, dass der Dissmover eigentlich ein Angstbeißer ist. Lass dich also natürlich nicht beißen, aber widerstehe der Versuchung, zurückzubeißen. Bleib souverän, denn für den Dissmover ist es dafür ja offensichtlich schon zu spät.

KURZFASSUNG
#1 DISSMOVE – Der persönliche Angriff

Ziel des Dissmoves
- Du willst dein Gegenüber provozieren, diskreditieren, verunsichern und sabotierst so den Fokus auf Argumente.

Vorbereitung
- Welche Schwachpunkte hat dein Gegenüber?

Ausführung
- Angriff: Nutze die wunden Punkte, um dein Gegenüber aus der Ruhe zu bringen und am klaren Denken zu hindern.
- Bleib dabei aber möglichst elegant, sonst entblößt du deine eigenen Schwachstellen.

Abschluss
- Wenn es eskaliert, gib deinem Gegenüber die Schuld.

Antwort
- *»Keep your identity small«*: Geht es überhaupt um dich?
- Wenn du checkst, dass der Dissmover ein Angstbeißer ist, kannst du Souveränität, Leichtigkeit und Humor bewahren.
- Frag aufrichtig nach: Weshalb der Dissmove?

//
#2

KRANKER SHITMOVE

💩

Der psychopathologische Angriff

Iris: »Glaubst du, dass ich unzurechnungsfähig bin, wenn ich meine Tage habe?«
Matthias: »Nein! Auf keinen Fall.«
Iris: »Aber würdest du kurz so tun, als ob?«
Matthias: »Wieso das denn?«
Iris: »Na, um einen kranken Shitmove vorzuführen.«
Matthias: »Nein, ich sag so was nicht mal im Spaß zu dir!«
Iris: »Nicht mal, wenn ich selbst drum bitte?«
Matthias: »Du bist viel zu sensibel, das hältst du nicht aus.«

Stell dir vor, du lebst in den 1960er Jahren und arbeitest in einer Werbeagentur in New York. Und obwohl Wochenende ist, sind alle im Büro, weil am Montag ein Pitch ansteht. Der Creative Director lädt dich in sein Büro ein, er will deine Ideen besprechen. Um die Stimmung aufzulockern, bietet er dir einen Gin an. Du nippst vorsichtig am Glas, da du noch nichts gegessen hast. Während du die Ideen präsentierst, berührt er plötzlich deine Hand und schaut dir tief in die Augen. Er ist komplett besoffen. Du kennst das schon und willst das Gespräch nur schnell hinter dich bringen, da noch viel Arbeit vor dir liegt.

»Die Headlines werden von mir noch einmal neu geschrieben«, sagt er und bedankt sich für die Ideen. »Deine Konzepte sind wirklich gut und kreativ, aber das Texten muss ein Mann übernehmen.«

Dabei lehnt er sich zufrieden im Stuhl zurück und registriert dein enttäuschtes Gesicht.

»Nimm das nicht persönlich, das liegt nicht an dir als Person, dass du nicht texten kannst. Das Gehirn einer Frau ist völlig anders aufgebaut. Frauen sind einfach geeigneter für visuelle Aufgaben. Ein Glück, dass du Art Direktorin bist!«

Um deinem nunmehr blanken Entsetzen entgegenzuwirken, schiebt er noch mit scheinbar echter Wärme hinterher: »Danke, dass du es immerhin versucht hast, das schätze ich sehr an dir!«

Wer jetzt im Gedächtnis kramt, aus welcher Staffel von *Mad Men* diese Szene ist, kann aufgeben. Der Sexismus in dieser Serie ist durchgehend subtiler und origineller dargestellt. Nein, diese Szene hat Iris etwa 50 Jahre später in einer Werbeagentur erlebt und bereut noch heute ihre Reaktion darauf.

Sie zog damals ernsthaft in Erwägung, dass ihr Vorgesetzter recht haben könnte, als er mit seiner Pseudobiologie der Kreativität betonte, dass Iris nichts dafürkönne. Während sie sich dann in ihrer Irritation sortieren wollte, war sie über diese Befreiung von Verantwortung für einen kurzen Augenblick fast erleichtert. Aber das Gefühl wich schnell einer belastenden Unsicherheit. Sollten Frauen wirklich von Natur aus schlechtere Texterinnen sein? Diese Weltanschauung teilten jedenfalls auch viele andere Kollegen in der Agentur. Und sie bezogen sich alle auf den besagten Creative Director, der einst Biologie studiert hatte. Also war er doch Experte! Und darüber hinaus ein kreatives Genie. Wer sollte ihn in Frage stellen?

Iris natürlich! Das nahm sie sich fest vor. Aber nicht durch anstrengende Diskussionen, sondern durch den Gegenbeweis. Tagsüber machte sie ihre »Frauenarbeit« als Art-Direktorin – visuelle Konzepte, Layouts, Graphiken. Am Abend und am Wochenende arbeitete sie an sogenannten Goldideen. Das sind besonders kreative Ideen, die meist gezielt für Wettbewerbe konzipiert werden, damit die Agentur hoffentlich Preise gewinnt. Mit den Goldideen stellte sie ihre konzeptionellen Fähigkeiten unter Beweis, und zwar auch als Texterin.

Zur Freude ihrer Vorgesetzten, denn Iris' Ideen waren gut, genauso wie ihr freiwilliges Arbeitspensum von 12 bis 15 Stunden am Tag. Aber gelang ihr der Gegenbeweis? Korrigierte der Creative Director oder sonst irgendjemand sein Weltbild? Natürlich nicht! Das Klischee der von Natur aus visuell begabten und verbal unqualifizierten Frau blieb bestehen. Wie konnte das sein? Die enttäuschend schlichte Antwort lautet, dass diese Denkweise System hatte. Und zwar ein krankes System.

Was macht den kranken Shitmove so krank?

Die Tatsache, dass er voller böser Fallen steckt. Oberflächlich betrachtet ist der kranke Shitmove eng verwandt mit dem Dissmove. Aber er muss überhaupt nicht als Beleidigung daherkommen. Du wirst nicht gedisst, sondern diagnostiziert. Du kannst nichts für deine falsche Sicht, für deine Schwäche, Unterlegenheit oder Unzulänglichkeit, weil dahinter quasi eine »Krankheit« steckt. Nicht zwingend eine Krankheit im eigentlichen Wortsinn, meistens geht's um eine Eigenschaft oder Identität, die dir zum Nachteil ausgelegt wird.

»Du bist noch zu jung, um das schon alles richtig zu verstehen«, »Du bist zu alt, um hier noch mithalten zu können«, »Du bist ein Mann, du kannst kein Multitasking« oder, wie Iris erfahren durfte: »Du bist eine Frau, du kannst nicht texten.« Das Perfide daran ist, dass du eingeladen wirst, diese Haltung zu übernehmen. Du darfst gemeinsam mit dem kranken Shitmover über mögliche Gründe für deine angeblichen Fehler nachdenken. Wenn du diese Einladung annimmst, dann arbeitet ihr miteinander gegen dich.

Na ja gut, denkst du dir jetzt vielleicht, als ob du dich jemals auf so was einlassen würdest. Das soll doch mal jemand mit dir versuchen, dann arbeitet ihr aber höchstens miteinander daran, dass es ganz schnell klatscht, und zwar keinen Beifall. Ausrasten würdest du, aber so richtig! – Ha! Hier wartet schon die nächste Falle auf dich, das sogenannte Kafka-Trapping. Keine Sorge, du verwandelst dich nicht in einen Käfer. Der Begriff bezieht sich auf Kafkas Roman *Der Process*, in dem sich der Bankangestellte Josef K. vor Gericht gegen eine unbegreiflich bürokratische Anklage verteidigen muss. Und je heftiger er seine Unschuld beteuert, desto schuldiger wirkt er.

Exakt das ist die größte Gefahr bei einer wütenden Reaktion auf den kranken Shitmove! Ausraster können ihn unfreiwillig bestätigen, jedenfalls dem Anschein nach. Denn zutreffende Diagnosen sind manchmal schwer anzunehmen, nicht wahr? Wenn dir ein ungeeignetes Alter attestiert wurde, kann deine Empörung als pubertäres Gehabe oder Altersstarrsinn rüberkommen. Ist dein Geschlecht das Problem, dann ist deine Wut toxische Männlichkeit oder weibliche Hysterie. Gerade weil der kranke Shitmove das Angebot einer Erklärung beinhaltet, wirken emotionale Antworten wie eine unfreiwillige Bestätigung.

Aber damit nicht genug! Wenn du nicht in die Kafka-Falle tappst, beginnt erst der eigentliche Krankheitsverlauf. Das zentrale Symptom: Unsicherheit. Je nach Typ überwiegt die epistemische oder die emotionale Variante. Letztere ist ja selbsterklärend: Emotionale Unsicherheit kennen wir alle und wissen, wie gestresst, ängstlich und nervös wir uns fühlen, wenn wir an uns selbst zweifeln. Erst recht, wenn wir bewusst emotional verunsichert werden, indem man uns scheinbar gute Gründe für unsere Selbstzweifel liefert. Aber was ist epistemische Unsicherheit?

Das griechische Wort ἐπιστήμη (gesprochen: episteme) heißt »Wissen« oder »Kenntnis«. Es geht also um die Unsicherheit, was wir überhaupt wissen können. Wenn ein Chef, der mal Biologie studiert hat, Iris von seinem Wissen erzählt, das er dort angeblich gesammelt hat, wird sie wohl kaum antworten: »Du irrst dich. Glaub mir, ich hatte drei Punkte in Bio!« Woher soll sie die Sicherheit nehmen, dass sie es besser weiß? Hätte sie ihm eine Liste erfolgreicher Autorinnen inklusive ihrer wichtigsten Werke aufsagen sollen? Die hat man in so einer Situation natürlich nicht parat. Und selbst wenn doch, wäre nicht garantiert, dass er ein paar tausend Ausnahmen als Widerlegung seiner (angeblichen) Wissenschaft gelten lässt. Eine dieser Ausnahmen ist selbst Wissenschaftlerin und hat ein Buch über genau diese Frage geschrieben, namens *Why trust science?*. Die Autorin Naomi Oreskes empfiehlt darin, epistemische Unsicherheit durch Fragen an Experten zu bekämpfen. Was aber, wenn der Experte selbst die Unsicherheit auslöst? Das hat die Dame wohl nicht bedacht! Hätte sie das Schreiben mal einem Mann überlassen!

Der kranke Shitmove untergräbt also kurz gesagt dein Selbstbild oder dein Weltbild. Oder beides. Und das macht ihn zu einem unentbehrlichen Werkzeug des vielleicht perfidesten aller Manipulationssysteme in Beziehungen. Die Rede ist vom sogenannten Gaslighting. Ein Begriff, der übrigens wiederum von einer Autorin geprägt wurde, nämlich von der Psychiaterin Joan Lachkar in den 1960ern. Zu der Metapher inspirierte sie das Theaterstück *Gas Light*, in dem die Protagonistin Bella von ihrem Mann gezielt in den Wahnsinn getrieben wird, weil er ihre Realität ständig als Einbildung bezeichnet. Unter anderem eben ihre Beobachtung, dass die Gaslampen im Haus oft schwächeln – was er selbst wissentlich verursacht, aber ihr dann aggressiv einredet, dass diese Wahrnehmungen nur ihrer kranken Phantasie entspringen.

Heute ist der Begriff Gaslighting weit verbreitet, um genau diese Manipulation des Selbst- und Weltbildes in zwischenmenschlichen Beziehungen oder auch in der öffentlichen Kommunikation zu beschreiben. Es ist eine Form psychischer Gewalt, die noch wesentlich komplexer und folgenreicher ist als ein einzelner kranker Shitmove. Das Opfer soll seine Schwäche oder Unterlegenheit akzeptieren, weil es im biologischen oder übertragenen Sinne angeblich krank ist.

Was ist also das Heilmittel?

Contra-Excremental forte. Jetzt in deiner Apotheke!

Wär doch schön, wenn's so einfach wäre … Leider gibt es aber auch Shitmoves, die viel mehr als eine griffige Gegentaktik erfordern. Und dazu gehört der kranke Shitmove. Denn der ist bei weitem nicht so konfrontativ wie zum Beispiel der Dissmove. Und er ist erst recht kein einmaliger Ausrutscher aus dem Affekt, sondern er hat, wie schon gesagt, System. Als Iris im Job durch Fleiß und Können den Gegenbeweis antreten wollte, tat sie ihrem Chef damit nur einen großen Gefallen, erreichte aber weder bei ihm noch bei den anderen Kollegen ein Umdenken. Das einzige Umdenken fand langfristig in ihr selbst statt. Und das ist die einzig sinnvolle Antwort auf die Frage nach dem Heilmittel.

Wenn dich jemand verunsichern will, hilft dir ein stabiles Selbstbewusstsein. Das gibt's aber leider wirklich nicht in deiner Apotheke. Was ist mit der Dissmove-Faustregel »Halte deine Identität klein«? Nicht so leicht, wenn es ausgerechnet ein offensichtlicher Kernaspekt deiner Identität ist, auf die der kranke Shitmove zielt. Und zwar nicht unbedingt in aggressivem, sondern oft in nüchtern erklärendem oder sogar warm zugewandtem Tonfall. Und das nicht nur in einem markanten Einzelfall, sondern immer wieder, weil dahinter ein ganzes Weltbild steckt, aus dem eine feste Einstellung zu deiner Person resultiert. Und nicht nur du allein bekommst diese Einstellung des Shitmovers zu spüren, sondern auch die Menschen aus eurem gemeinsamen Umfeld, beispielsweise eben im Job, sodass auch andere den kranken Shitmove als Weltanschauung übernehmen und dich entsprechend darin einsortieren.

Das Ganze geht sogar weit über deinen Arbeitsplatz oder Bekanntenkreis hinaus und infiziert einen Großteil unserer Kultur: Bestseller, die dir erklären, warum Männer dies und Frauen jenes nicht können, werden verfilmt, andere Bücher bezeichnen ganze Generationen als doof oder gierig, Comedians stellen mit kranken Shitmoves Publikumsrekorde auf … Werd da mal selbstbewusst.

Bevor man uns nun Studien wie Fehdehandschuhe vor die Füße schmeißt: Natürlich kann man auch reale Tendenzen erforschen, ob manche Eigenschaften bei bestimmten Gruppen statistisch häufiger oder seltener ausgeprägt sind. Wer daraus aber ableitet, dass das Gegenüber von Natur aus inkompetent in irgendeinem Bereich sein muss, bedient sich einfach nur eines kranken Shitmoves.

2017 wurde ein solcher Fall beim Techkonzern Google laut, weil sich ein Entwickler namens James Damore gegen die Idee, mehr Frauen im Unternehmen einzustellen, positionierte. In einem über zehnseitigen internen Memo beschrieb er die psychologischen Unterschiede zwischen Männern und Frauen und deren biologische Ursachen. Sein Beispiel bringt den kranken Shitmove exakt auf den Punkt: Gekündigt wurde ihm nämlich nicht wegen der teils unumstrittenen Statistiken, die er anführte, sondern ganz explizit, weil er daraus schloss, dass Frauen wegen ihres »höheren Levels an Neurotizismus« nicht für stressige Jobs in der IT-Branche geeignet seien. Der kranke Shitmove besteht nicht zwingend aus falschen Informationen, sondern aus falschen Schlussfolgerungen. Allein diesen Unterschied zu erkennen, kann schon mal bei der Bekämpfung der epistemischen Unsicherheit helfen: Eine Behauptung kann stimmen, aber die daraus gezogene Konsequenz kann trotzdem völlig falsch sein.

Gegen die emotionale Unsicherheit haben wir immerhin eine Übung, die wir empfehlen können. Denn Selbstbewusstsein ist eine Frage des Trainings. Wer an dieses Gefühl überhaupt nicht gewöhnt ist, verwechselt es zunächst oft mit Arroganz. Wer sich selten zu widersprechen traut, verwechselt Durchsetzungsfähigkeit zunächst oft mit Aggression. Wer nicht daran gewöhnt ist, die eigenen Bedürfnisse zu priorisieren, verwechselt das oft mit Egoismus. Tatsächlich ist Selbstsicherheit das Gefühl, sich nicht mal verteidigen oder durchsetzen zu müssen. Hier die Übung dazu:

Stell dir vor, jemand sagt zu dir: »Deine pinken Pupillen sind so unfassbar hässlich!« Würde dir das etwas ausmachen? Wir gehen davon aus, dass niemand pinke Pupillen haben kann. Falls du doch welche hast, erstens, was zur Hölle?!, zweitens, nimm einfach eine andere Absurdität, die auf dich nicht zutrifft. Und dann setze dich täglich beim Zähneputzen den heftigsten Attacken wegen dieser nicht zutreffenden Absurdität aus. Nur in deiner Vorstellung natürlich, also lass deiner Phantasie freien Lauf. Das Gefühl, das du dazu empfindest, diese völlige Gleichgültigkeit gegenüber Attacken, die dich gar nicht treffen können, ist genau das, was du brauchst. Und dann denk bei kranken Shitmoves an pinke Pupillen, drei Münder auf der Stirn oder quadratische Ohren aus Treibsand ... Na und?

Gut, nun ist ein stabiles Selbstbewusstsein das eine, und das setzt eben eine langfristige Persönlichkeitsentwicklung voraus. Dieser Ansatz ist quasi die Impfung gegen den kranken Shitmove, und dazu gehört natürlich auch der Aufbau eines Immunsystems, bestehend aus Verbündeten, die deine Unsicherheit lindern können. Aber gibt es wirklich gar kein Gegenmittel, das bei der direkten Konfrontation in der unmittelbaren Situation wirkt?

Folgendes ist aus unserer Sicht einen Versuch wert: Das Letzte, was ein kranker Shitmover erwarten dürfte, ist eine Einladung, dir mehr zu erzählen. Du willst es genauer wissen. Denk an die feine Unterscheidung, dass nicht die Informationen falsch sein müssen, sondern die Schlussfolgerungen. Woraus schließt dein Gegenüber auf ein Weltbild, in dem Menschen wie du irgendetwas absolut nicht können? Woher hat dein Gegenüber diese spannenden Infos? Gibt's dazu vielleicht empfehlenswerte Literatur oder Dokus? Es geht bei diesen Rückfragen weder darum, den kranken Shitmove skeptisch auf Schwachstellen und Logikfehler abzuklopfen, noch darum, ihn durch spürbar geheucheltes Interesse lächerlich wirken zu lassen. Sondern einfach darum, das Weltbild dahinter besser zu verstehen. Denn das Verstehen allein zwingt dich ja nicht dazu, diese Ideen dann auch zu übernehmen.

Ein Shitmover, der dir die Welt erklären will, ist meist über seine Eitelkeit zu gewinnen. Zeige also zunächst Neugier an seinem Weltbild und stelle engagiert Fragen, bis du den Eindruck hast, dass er sich gern in deiner interessierten Haltung spiegelt. Und dann entziehe ihm konsequent das Interesse und sei milde enttäuscht: »Na gut, schade. Aber okay, danke.« Ob er es zugibt oder nicht, es wird ihn brennend interessieren, was denn so schade sei. Denn wer sich für überlegen hält, erträgt es nur schlecht, von anderen als Enttäuschung betrachtet zu werden. Schon gar nicht von ausgerechnet den Menschen, die aus seiner Sicht unterlegen sind und doch zu ihm aufschauen müssten. Aber dann behalte den Grund für deine Enttäuschung konsequent für dich, es geht dir nicht um einen Gegenangriff, sondern um eine Umkehr der Unsicherheit. Und voller Wärme kannst du innerlich etwas denken in Richtung: »Schade, dass du deinen Intellekt für kranke Shitmoves einsetzt. Ich hätte lieber etwas Nützliches von dir gelernt.«

Zugegeben, dieses ganze Manöver ist selbst ziemlich manipulativ. Aber der kranke Shitmove ist nun mal in erster Linie für Menschen mit großem Ego so besonders attraktiv, die ihre immense Selbstsicherheit aus der Bewunderung anderer gewinnen, indem sie ihnen die Welt dahingehend erklären, dass manche Menschen angeblich krank sind. Vielleicht hat jemand, der solch folgenreiche Shitmoves einsetzt, es ein bisschen verdient, so über seine Eitelkeit verunsichert zu werden. Und vielleicht bewirkst du dadurch langfristig sogar doch ein Umdenken bei der betreffenden Person, ohne dass ihr zu Feinden werdet.

KURZFASSUNG
#2 KRANKER SHITMOVE – Der psychopathologische Angriff

Ziel des Kranken Shitmoves
- Die andere Person glaubt an ihre eigene Unterlegenheit.

Vorbereitung
- Welche Eigenschaften oder Identitätsanteile lassen sich am besten gegen die andere Person verwenden?

Ausführung
- Erkläre einladend, warum dein Gegenüber »krank« ist.
- Die andere Person hat leider keine zuverlässige Wahrnehmung der Welt und somit auch keine Integrität.
- Arbeite gemeinsam mit deinem Gegenüber gegen das Gegenüber.

Abschluss
- Du meinst es ja nicht böse, zeige durchaus Mitgefühl.
- Ggf. Kafka-Trapping: Jede Gegenwehr beweist deine These.

Antwort
- Meide die beiden Fallen, die im kranken Shitmove stecken: Lass dich weder zur emotionalen Gegenwehr hinreißen noch verunsichern.
- Glaub keinen Weltbildern, die dich als unzulänglich beschreiben.
- Packe den kranken Shitmover an seiner Eitelkeit: Du willst erst mehr wissen und bist dann milde enttäuscht.

#3

QUASI SHITMOVE

💩

Der implizite Angriff

Iris:	»Ich will ja nichts sagen, aber …«
Matthias:	»Hast du doch schon.«
Iris:	»Ach, bist du ein Klugscheißer! Hätt ich jetzt fast gesagt.«
Matthias:	»Du hast es gesagt.«
Iris:	»Fast.«
Matthias:	»Quasi!«

Kommen wir zu einer Methode, mit der wir alle bereits kennengelernten persönlichen Angriffe einfach raushauen und dann unsere Hände in Unschuld waschen können. Durch den Quasi-Shitmove wurde der Zivildienst für Matthias eine beschissene Zeit. Gleich am ersten Tag. Und das kam so:

Sozialdienst in einem Altenheim könnte eine richtig erfüllende Tätigkeit sein. Man liest den Menschen vor, erledigt Fahrten, bastelt miteinander, lernt was fürs Leben, zum Beispiel Sitzgymnastik, und erlebt die abgefahrensten Situationen, von denen man dann später mal erzählen kann, wenn man selbst im Altenheim ist. Doch aus irgendeinem Grund war die Vorgesetzte für diese Zivi-Stelle im Heim offenbar nicht so erfüllt von ihrer Tätigkeit. Denn der Quasi-Shitmove, in den sie uns nun einweihen wird, war kein einmaliger Ausrutscher von ihr.

Nennen wir die Protagonistin dieser Story Ernestine. Ernestine schickte Matthias gleich am ersten Tag los, um Zellophanfolie zum Basteln zu besorgen. In einem kleinen Laden, dessen freundlicher Besitzer sich alle neun Monate auf den neuen Zivi freute und manchmal Mengenrabatt gab. Zellophanfolie hatte er. Natürlich! Die wurde im Heim öfter mal benötigt, denn damit kann der Zivi an Festtagen jede noch so misslungene Bastelei einpacken, Schleifchen dran, und schon taugt das Ergebnis als Geschenk für Angehörige.

Matthias brachte also einen breiten Karton mit zugeschnittenen Zellophanfolien zurück ins Heim und machte sich bereit für seinen nächsten Auftrag. Ernestine aber war bestürzt!

»Das sind ja ZUSCHNITTE!!! Zellophan-FOLIE hab ich doch gesagt!«

Mit zunehmendem Zorn kletterte sie stampfend auf einen Stuhl, um ganz oben aus einem Schrank voller alter Bastelreste eine Papprolle herauszufischen, auf der noch ein kleiner Rest Klarsichtfolie aufgerollt war. Es gefiel ihr offenbar ganz gut da oben auf dem Stuhl, zum Shitmoven blieb sie jedenfalls dort stehen. Sie wedelte vorwurfsvoll mit ihrem Beweisstück, das Matthias natürlich vorher selbst aufspüren und entsprechende Schlüsse hätte ziehen müssen, und spuckte ihrem neuen Zivi einen Quasi-Shitmove auf den Kopf:

»Da! Das ist Folie. Idiotensicher – hätte ich jetzt fast gesagt.«

Huch? Hätte? Sie hatte doch! Also … quasi. Als ob man etwas nicht sagen würde, wenn man hinzufügt, dass man es nicht wirklich sagt! Genau das bedeutet übrigens der griechische Begriff *Apophasis*: Die Vorsilbe *από* (gesprochen: apo) heißt »weg« oder »von«, und *phasis* kommt von *φημί* (gesprochen: phemi) und heißt »sagen« oder »sprechen«. Eines dieser rhetorischen Mittel aus der Antike. Das Gesagte wird einfach »weggesagt«, aber damit ist es natürlich trotzdem in der Welt.

Puh, wie sperrig und trocken – hätten wir jetzt fast gesagt. Aber nur weil dieser griechische Begriff selten benutzt wird, kommt der Quasi-Shitmove überhaupt nicht selten zum Einsatz. Ganz im Gegenteil! Er erscheint in verschiedenen Varianten, meistens durch solche Formeln wie »Hätte ich jetzt fast gesagt« oder »Ich will ja nicht sagen, dass …«. Aber sehr gern wird er auch erst später als Fluchttunnel gebuddelt, wenn die Empörung über die zuvor ausgesprochene Unmöglichkeit hochkocht. Dann war die Unmöglichkeit doch nur ein Scherz! Auf keinen Fall so gemeint! Nur quasi! Reine Ironie! Hätte eigentlich jeder verstehen müssen!

Wenn beispielsweise allein in New York 30 Notrufe wegen Vergiftung durch verschluckte Haushaltsreiniger in den ersten Stunden eingehen, nachdem ein US-Präsident live im TV darüber spekuliert, wie schützend und heilsam Desinfektionsmittel im Körper wirken müsste, dann kann er sich später damit rechtfertigen, dass das doch ganz klar Sarkasmus war.

Manche Leute bestreiten ganze Karrieren mit diesem Trick, sich jederzeit hinter Ironie verstecken zu können. Nichts ist jemals richtig gemeint, alles nur quasi. So erklärt man es dann bei Bedarf nachträglich und mühelos. Man könnte deshalb meinen, der Quasi-Shitmove sei immer nur so ein beiläufiger und meist folgenloser Trick. Stimmt aber nicht. Er kann auch vorsätzlich und elaboriert auftreten und ganze Staatsaffären auslösen. Zum Beispiel veröffentlichte der Satiriker Jan Böhmermann 2016 ein Schmähgedicht über den türkischen Präsidenten und betonte bei jeder einzelnen Beleidigung, dass genau das verboten wäre.

Wie legitim oder geschmackvoll die Aktion war, wurde schon so ausführlich und leidenschaftlich diskutiert, dass es unnötig ist, mehr als diesen Bezug zu unserem Thema hinzuzufügen: Shitmoves kann man auch mit einer berechtigten Ansicht einsetzen. Kein Widerspruch. Die Frage ist, ob man damit Menschen gewinnt, die nicht sowieso schon diese Ansicht teilen.

Aber zurück zum Quasi-Shitmove, der, wie wir sehen, häufig und vielerorts zum Einsatz kommt. Wieso denn eigentlich?

Warum funktioniert der Quasi-Shitmove so gut?

Weil er die perfekte Mischung aus Unverschämtheit und Freispruch ist. Wie ein bewaffneter Raubüberfall, bei dem der Täter beruhigend flüstert: »Stell dir einfach vor, dass das gar nicht passiert«, während er die Beute einpackt. Und so manches Opfer stellt sich vielleicht tatsächlich lieber vor, dass das gar nicht passiert, denn in bedrohlichen Situationen ist Dissoziation sowieso ein unbewusster Abwehrmechanismus vieler Menschen. Also die Distanzierung von der Realität, das Nichtwahrhabenwollen. Aus lauter Überforderung durch die Attacke folgen also viele Menschen dem Tipp, sie gar nicht als solche wahrzunehmen.

Klar, wir sind noch bei verbalen Attacken ganz ohne vorgehaltene Waffe. Aber der Quasi-Shitmove ist ja in den meisten Fällen eine implizite Beleidigung, und dass auch verbale Angriffe gegen unsere Identität durchaus ein Gefühl der Bedrohung auslösen können, haben wir schon gesehen. Es wäre für das Opfer so viel einfacher, sich ganz unmittelbar gegen eine explizite Beleidigung zu wehren. Aber das Implizite macht es schwieriger, weil man aufpassen muss, nicht wie ein Teil des Problems zu wirken.

Wenn wir zum Beispiel hören, dass der Tipp mit dem intravenösen Desinfektionsmittel purer Sarkasmus war, sind wir dann vielleicht humorlose Korinthenkacker, weil wir bloß den Witz nicht verstanden haben? Oder ein anderes Beispiel: In einer Diskussion über den Irakkrieg schlägt *Fox-News*-Choleriker Bill O'Reilly gegenüber *Late-Night*-Legende David Letterman plötzlich einen überheblichen Ton an, bemerkt das selbst und sagt: »Ich sage das nicht auf herablassende Weise, okay? Ich werde dich nicht als Schwachkopf oder Dummkopf bezeichnen.« Der sonst schlagfertige Letterman kann darauf nur mit einem überrumpelten »Aaaah!« reagieren, und Bill O'Reilly kann seinen ursprünglichen Punkt fortführen.

Deshalb funktioniert der Quasi-Shitmove so gut, man kommt damit häufig auch bei Wortgewandteren durch, indem man sie überrumpelt und sich selbst gleichzeitig schwer angreifbar macht. Hätte Letterman die impliziten Beleidigungen auf sich bezogen und sich dagegen gewehrt, läge der daraus entstehende Konflikt zum Teil auch an ihm, denn er wurde doch explizit nicht als Dummkopf bezeichnet. Und über diese Nuancen zu diskutieren, hätte ihn pedantisch wirken lassen. Mit seinem »*Aaaah!*« hat er immerhin kommuniziert, dass ihm der Quasi-Shitmove nicht entgangen ist. Bill O'Reilly erkämpfte sich damit vielleicht einen Augenblick der Überlegenheit in der Diskussion, aber keine Sympathien bei Letterman oder im Publikum. Aber darum geht's ja auch eben nicht bei Shitmoves.

Ernestine ging es damals um Macht durch Schikane. Matthias sollte die bevorstehenden neun Monate Zivildienst unter keinen Umständen auf Augenhöhe mit ihr leisten. Deshalb stand sie ja auch da oben auf dem Stuhl und feierte die Premiere ihrer Show direkt an seinem ersten Arbeitstag. Die Botschaft sollte lauten: »Ich Chefin, du Idiot.« Idiotischerweise stand Matthias nicht drüber, sondern antwortete: »Idiotensicher? Na dann hättest du's doch selbst erledigen können – hätte ich jetzt fast gesagt.«

Wie sollte man auf Quasi-Shitmoves reagieren?

NICHT SO!

Wie gern würden wir diese zwei Worte als Antwort stehen lassen und zum nächsten Shitmove übergehen! Aber das ließe zu viele Fragen offen. Warum eigentlich nicht so? War es nicht richtig, dass Matthias sich gegen die Beleidigung gewehrt und sie einfach umgedreht hat? Sollten Shitmover nicht auch mal von ihrer eigenen Medizin zu kosten bekommen? Ist es nicht eine effektive Methode, den Quasi-Shitmove zu entlarven, ohne dabei in die Falle zu tappen, dass man pedantisch und humorlos wirkt?

Doch, grundsätzlich ist das pure Spiegeln von Unverschämtheiten durchaus eine brauchbare Reaktion. Aber entscheidend ist auch, wie es danach weitergeht. Ernestine nahm die Reaktion von Matthias als Kriegserklärung auf und saß einfach am längeren Hebel. Es war leicht für sie, ihm den Zivildienst möglichst unangenehm zu machen. Sie streute zum Beispiel Gerüchte unter den Pflegekräften, dass Matthias sich abfällig über deren Arbeit geäußert hätte. Das war zwar völlig frei erfunden, aber er hätte von diesem Manöver vielleicht nie erfahren, wenn er nicht irgendwann mal eine Schwesternschülerin gefragt hätte, warum viele der Pflegekräfte so kühl mit ihm umgingen.

Nun ist es für Matthias zwar rückblickend ein Gefühl der Genugtuung, dass er Ernestines Quasi-Shitmove gespiegelt hat, aber könnten wir in die Vergangenheit reisen und ihn während des Mobbings fragen, ob es das wert war … Gut, wahrscheinlich hätte er auch damals schon aus Trotz mit Ja geantwortet. Aber hast du schon mal aus Trotz oder Genugtuung Menschen gewonnen? Andererseits … wieso solltest du das überhaupt? Je nach Formulierung ist ein Quasi-Shitmove ja eine große Unverschämtheit. So groß wie der Schatten, über den du springen müsstest, um eine Ernestine gewinnen zu wollen, die dich gerade indirekt als Idiot bezeichnet hat.

Wie wär's unter solchen Umständen mit Direktheit, wenn der Shitmove schon so indirekt daherkommt? Mit Klarheit als Reaktion auf absichtliche Unklarheit?

»Ernestine, du setzt hier den Umgangston für unsere Zusammenarbeit. Vielleicht willst du nur meine Grenzen testen, dann kann ich dir sagen, dass du sie gerade überschreitest. Geh bitte mit deinem Zivi so um, wie er mit dir umgehen soll.«

Kannste nicht bringen! Kündigung am ersten Tag! – Oder?

Diese Angst ist verständlich, aber wir meinen die Empfehlung ernst. Na ja, ohne Gewähr, einverstanden? Beschwerden über folgenreiche Eskalationen am Arbeitsplatz kann man uns zur Belustigung schicken, aber für den Ernstfall lautet unser Vorschlag, die folgende Rechtfertigung der betreffenden Person vorzulegen:

Erstens enthält der direkte Tonfall keine Unverschämtheit, keinen Gegenangriff. Das macht ihn bei genauerem Hinsehen konstruktiver und respektvoller als eine passiv-aggressive Reaktion wie die von Matthias, die das idiotische Kompliment indirekt erwidert. Auch besser, als den Angriff still runterzuschlucken und womöglich andere destruktive Ausdrucksmittel für den Frust zu suchen. Das könnte der Beginn einer wunderbaren Feindschaft sein.

Und zweitens gibt es nun mal einen Anlass, sich zu wehren. Und der Tonfall für deine klare und direkte Verteidigung soll ja kein Standard am Arbeitsplatz werden. Du lädst damit zur anständigen Klärung ein, vielleicht ist nämlich wirklich etwas dran, dass der Quasi-Shitmover bewusst oder unbewusst testen will, was du dir eigentlich gefallen lässt. So bekommt er oder sie eine aufrichtige Antwort. Ist das nicht wünschenswert? Man müsste sich über klare und direkte Reaktionen auf Quasi-Shitmoves sogar freuen, wenn man zwischenmenschliche Beziehungen mit mündigen Personen haben möchte. Und wer das nicht möchte, trägt eben die alleinige Verantwortung für die Eskalation. Das gilt nicht nur am Arbeitsplatz.

Trotzdem kostet es auch Mut, und natürlich hätte Matthias sich das damals nicht getraut. Aber heute können wir uns grundsätzlich schon zu Beginn jeder Art von Beziehung vornehmen, auf mögliche Respektlosigkeiten klar und direkt zu antworten, und zwar bevor wir zum Gegenangriff schreiten. Das können wir ja im nächsten Schritt immer noch tun, wenn das Gegenüber die Einladung zum Anstand ausschlägt und weiterhin Shitmoves bevorzugt.

Dieser Zwischenschritt lohnt sich, weil wir doch hier von Beziehungen sprechen, die über den kurzen Konflikt hinaus andauern werden. Egal ob im Job, in Freundschaften oder in der Liebe: Überall kommen Quasi-Shitmoves als alltägliche Sticheleien vor. In sehr vertrauten Beziehungen muss die eigentliche Spitze nicht einmal mehr mitformuliert werden. Da reichen die Worte »Ich sag nix …« in vorwurfsvollem Tonfall. Und wenn uns etwas an der Beziehung liegt, können wir über die entschieden gezogene Grenze hinweg eine Hand zur Klärung ausstrecken, bevor wir zurückschlagen.

Außerdem muss nicht jeder Quasi-Shitmove Absicht sein. Sein Wesen ist ja die besagte Hintertür, durch die man abhauen und einen Shitmove als Scherz, Missverständnis oder ausdrücklich nicht so gemeint darstellen kann. In Ausnahmefällen ist er aber vielleicht wirklich nicht so gemeint. Zum Beispiel ist bekannt, dass der Satz »Ich will nicht rassistisch klingen, aber …« meist in einer rassistischen Aussage endet. Ab und zu mag diese Distanzierung aber von Herzen gewollt sein, und es hakt einfach am notwendigen Wissen. Was die rassistische Aussage natürlich nicht rechtfertigt, aber ein starkes Argument dafür ist, zunächst mit Klarheit und Direktheit darauf zu antworten, statt sofort einen Gegenangriff zu starten.

Das spielt auch in der Politik eine Rolle, wo noch eine Variante des Quasi-Shitmoves stark verbreitet ist. Eine Art codiertes Sprechen, der sogenannte *Dog Whistle*. Eine Hundepfeife, die so hoch pfeift, dass Menschen sie nicht mehr hören können, aber Hunde schon. Der australische Politikstratege Lynton Crosby machte diese Metapher in den 1990ern bekannt und beschrieb damit eine Art heimlichen Populismus. Mit den Hunden sind Leute aus eher aggressiven Zielgruppen gemeint, die beispielsweise bei einem Wort wie »Meinungsdiktatur« aufhorchen und sofort checken, dass da ein gleichgesinnter Mensch bellt, dem man Sympathien oder gar die Wahlstimme schenken könnte.

Nach dem Prinzip des Quasi-Shitmoves sagt der *Dog Whistle* also im Grunde etwas Ungeheuerliches, ohne es wirklich zu sagen. Im Fall der Meinungsdiktatur zum Beispiel, dass die Gegenseite mehr als nur eine Gegenseite mit lautstarker Gegenmeinung ist, sondern ein gefährlicher Feind, eine Diktatur, die womöglich einen Tyrannenmord nötig macht.

Konfrontiert man die Person mit ihrer gewaltigen Wortwahl, flieht sie durch die Hintertür und sagt, man solle mal bitte die Kirche im Dorf lassen, es sei doch keine richtige Diktatur gemeint gewesen, das hätte man auch nicht so gesagt. Nur quasi. Während mancher zuhört und sich ohne Ironie denkt: »Doch, doch, wir leben hier wie in Nordkorea …«

In solchen Diskussionen kann man sich gegenseitig als Hund bezeichnen und besiegen wollen. Aber stattdessen könnte man auch den Menschen gewinnen wollen, indem man ihm nachvollziehbar seinen Quasi-Shitmove aufzeigt, sich mit Klarheit davon abgrenzt und dann aufrichtig nachfragt:

»Aber hast du das denn wirklich als Flirt mit den Radikaleren unter uns gemeint? Oder sind wir uns einig, dass das höchstens halbwegs salonfähig war? Und willst du dich dann noch mal präziser ausdrücken? Ich hör dir zu.«

Denn salonfähig wird so mancher Quasi-Shitmove in öffentlichen Debatten nun mal, wenn er immer wieder unwidersprochen durchkommt. Und dann übernehmen ihn manche wirklich nur aus Naivität und nicht aus eigener Rohheit. Deshalb ist es immer smart, ehrlich nachzufragen. Auch Letterman hätte zum Beispiel fragen können: »Danke, dass du mich nicht als Schwachkopf bezeichnest – aber als was denn dann?«

KURZFASSUNG
#3 QUASI-SHITMOVE – Der implizite Angriff

Ziel des Quasi-Shitmoves
- Du bringst indirekt einen Shitmove und kommst damit durch.

Vorbereitung
- Lass Raum für deine Exitstrategie: Sprich nicht allzu explizit.

Ausführung
- Hau den Shitmove oder die Unverschämtheit einfach raus.
- Achte nur auf eine implizite oder indirekte Formulierung.

Abschluss
- Wirst du konfrontiert, dann nutze deine Exitstrategie.
- Spiele missverstanden: Du hast nichts so gesagt, nur quasi.
- Dein Gegenüber ist einfach zu humorlos und empfindlich.

Antwort
- Begegne der Unklarheit mit Klarheit und Direktheit.
- Frage aufrichtig, was dein Gegenüber denn wirklich meint.
- Ansonsten spiegel einfach den Quasi-Shitmove.

#4

LABEL SHITMOVE

💩

Der stigmatisierende Angriff

Iris:	»Jetzt bist du auch einer dieser Schauspieler, die unbedingt ein Buch schreiben mussten!«
Matthias:	»Musst du als Werbetussi gerade sagen.«
Iris:	»Ey! So hast du mich noch nie gelabelt.«
Matthias:	»Na mach doch 'nen TikTok-Tanz aus deiner Empörung!«
Iris:	»Bist ganz schön zickig für 'nen PR-Berater.«
Matthias:	»Beschwer dich beim Manager, Karen.«

Nach all den persönlichen Attacken brauchen wir kurz Urlaub. Fliegen wir doch gemeinsam nach Neuseeland – im November 2019. Hier auf der Südhalbkugel ist jetzt Frühling, und noch ahnt niemand etwas von der bevorstehenden Pandemie, die bald vom König der Label-Shitmoves als »China-Virus« bezeichnet wird. Wer jetzt schon das Prinzip des Manövers checkt, hat sicher direkt bemerkt, dass »der König der Label-Shitmoves« bereits ein Label-Shitmove unsererseits ist. Aber scheiß drauf, wir genießen doch gerade die herrliche Natur Neseelands. Hier auf der Insel ist die Welt noch ganz in Ordnung – die perfekte Zuflucht, wenn die Klimakatastrophe demnächst viele andere Länder unbewohnbar macht …

Verdammt, so wird das nichts mit dem Urlaubsgefühl! Also auf nach Wellington ins Parlament. Dort wird nämlich gerade passenderweise über Klimapolitik gestritten. Bis 2050 will Neuseeland mit dem *Zero Carbon Act* seinen Treibhausgas-Ausstoß auf null bringen. Offenbar sind aber nicht alle im Parlament ganz einverstanden. Setzen wir uns mal dazu und beobachten das Geschehen. Wir haben fast freie Platzwahl, denn von den 120 grünen Ledersesseln sind nur etwa 20 besetzt, und trotzdem geht es hier gerade hoch her. In wenigen Augenblicken wird Geschichte mit einem beispielhaften Label-Shitmove geschrieben.

Am Pult steht die 25-jährige Abgeordnete Chlöe Swarbrick und fragt, seit wie vielen Jahrzehnten schon die Regierenden dieser Welt die Katastrophe sehen und sie trotzdem lieber zum eigenen Vorteil vertuschen. Ein Luxus, den ihre und kommende Generationen sich nicht mehr leisten können. Und ein Vorwurf, der die Opposition ärgert. Während Swarbrick erklärt, dass sie im Jahr 2050 kaum älter sein wird als der Durchschnitt der Abgeordneten jetzt im Jahr 2019 bereits ist, schreit der 50-jährige Oppositionsführer Todd Muller: »Das ist unmöglich!« Wir müssen dazusagen, dass wir nicht mit Gewissheit Todd Muller korrekt aus dem Gewirr der Zwischenrufe identifiziert haben, doch an ihn richtet sich daraufhin Swarbrick mit dem berühmten Label-Shitmove, auf den wir schon ungeduldig warten: »OK Boomer …«

Moment – es geht um ihre Reaktion?! Hat sie denn inhaltlich nicht recht?! Und sind die störenden Zwischenrufe nicht auch schon Shitmoves?! – Na klar! Der Fall ist halt durch seine vielen interessanten und typischen Facetten so gut zur Veranschaulichung geeignet. Shitmoves müssen nicht immer nur von Leuten kommen, die gerade im Unrecht sind. Und der Fall zeigt neben ihrer großen Effizienz auch das Entertainment-Potenzial von Shitmoves, besonders wenn sie so beiläufig eingesetzt werden können wie der Label-Shitmove.

Chlöe Swarbrick unterbricht für ihr »OK Boomer« nämlich nicht einmal wirklich ihren Redefluss, sondern schiebt die Worte völlig unaufwendig zwischen zwei Sätze, ändert kaum ihren Tonfall und deutet nur knapp mit der Hand in ihre Zielrichtung. Alles minimal! Und die Wirkung? – Maximal! Fast unmittelbar im Anschluss dreht das Internet durch, der kurze Moment geht rasend schnell viral. Die einen labeln Swarbrick dafür als *Queen*, die anderen werfen ihr *Ageism* vor oder, wie Boomer sagen würden, Altersdiskriminierung. Und dieser Vorwurf ist auch nicht ganz aus der Luft gegriffen, denn Chlöe Swarbrick hat den Label-Shitmove ja wirklich als persönlichen Angriff gegen den Störer verwendet. Doch es handelt sich nicht einfach nur um eine spezielle Variante von bereits kennengelernten Angriffen gegen die Person, sondern um ein ganz eigenes Manöver.

WANN WIRD AUS EINEM LABEL EIN LABEL-SHITMOVE?

Erst mal ist Boomer ja kein Angriff, sondern ein einfaches Label, eine Etikettierung. Als Babyboomer wird die Nachkriegsgeneration bezeichnet, die zwischen 1946 und 1964 geboren wurde. Und solche Labels brauchen wir, um die Welt zu beschreiben. Damit kürzen wir lange Exkurse ab, kategorisieren das sonst schwer Greifbare und sparen dadurch unheimlich viel Energie im Denken und in der Kommunikation.

Um daraus einen Shitmove zu machen, muss das Label einfach nur nicht neutral beschreibend gemeint sein. Sondern wahlweise spöttisch, abwertend, bloßstellend, provozierend, hetzend, verletzend, rufschädigend, ausgrenzend … Die Liste kennt keine Grenzen, aber entscheidend ist eben immer die Absicht. *Bild*-Schlagzeilen enthalten fast immer einen Label-Shitmove! Schauen wir mal schnell nach, was dort heute steht … Na bitte: »DIESEL-HASSER FORDERN TEMPOLIMIT!«, so einfach geht's. Das Komplexe ins Simple pressen und den größtmöglichen emotionalen Effekt erzielen.

Genau durch diesen Minimalismus unterscheidet sich der Label-Shitmove von anderen persönlichen Angriffen. Er klingt lässiger als der meist gereizte Dissmove und bemüht sich kein bisschen um Erklärungen wie der kranke Shitmove. Dennoch gibt es ab und zu Schnittmengen aus mehreren Shitmoves. Iris wurde beispielsweise am besagten Arbeitsplatz irgendwann als »die irre Iris« gelabelt, was natürlich gleichzeitig auch ein Dissmove ist, denn er enthält ja eine Beleidigung. Und zwar eine psychopathologische Beleidigung, also kann man auch einen kranken Shitmove darin sehen … Doch in der Griffigkeit, mit der man Iris ab jetzt immer in eine undankbare Schublade packen konnte, war das vor allem ein Label-Shitmove. Und wie kam der in die Welt? Dadurch, dass Iris sich mal mit einem Nachdruck gegen Grenzüberschreitungen wehrte, den man so in dieser Agentur nicht gewohnt war.

Okay, stellst du dir jetzt vor, wie die irre Iris mit dem Baseballschläger durchs Büro rennt und alles kurz und klein schlägt? Das ist eine weitere Besonderheit des Label-Shitmoves: In der Phantasie aller anderen, die ihn hören, entsteht ein groteskes Zerrbild des Opfers. Das können wir so nicht stehen lassen! Hier also die wahre Begebenheit:

Auf dem Gang vor ihrem Büro spielten ein paar Kollegen Fußball, und ihre geschlossene Bürotür nutzten sie als Tor. Der Torwart bewarb sich mit seiner Leistung aber wohl um das legendäre Trapattoni-Label: »Flasche leer.« Die ganze Gurkentruppe machte es mit ihrem durchdringenden Lärm unmöglich für Iris, sich zu konzentrieren. Also öffnete sie ihre Tür und erklärte beim ersten Mal freundlich und mit Humor, dass und warum es sich bei der Situation um ein Problem handelte. Beim zweiten Mal erklärte sie es mit weniger Humor. Woraufhin der Mannschaftskapitän testen wollte, ob Iris vielleicht ihren Humor wiederfinden würde, wenn er einfach ununterbrochen gegen ihre Tür ballert. Würden wir das nicht alle rasend komisch finden? Genau. Iris auch.

Sie öffnete also ein drittes Mal die Tür, schaute dem Provokationsjunkie tief in die Augen und sagte kein Wort. Ließ ihn einfach durch ihren Blick alles spüren, was sie zu der Situation zu sagen hatte. Und das kam auch an. Das Spiel hörte augenblicklich auf – aber der Mann musste ja sein Gesicht vor den anderen wahren. Was hatte er also in ihrem Blick gesehen, das ihm den Spieltrieb so vermiest hatte? Natürlich den blanken Wahnsinn! Voilà, die Geburtsstunde der irren Iris.

Wie man sieht, ist der Label-Shitmove allgegenwärtig. Aber gehen wir noch mal zu den übrigen Erkenntnissen, die sich aus unserem Boomer-Beispiel ableiten lassen. Da wäre zunächst mal die Beobachtung, dass das Label nicht unbedingt inhaltlich stimmen muss. Muller ist 1968 geboren und somit kein Babyboomer, sondern schon Generation X. Swarbrick erklärte dazu in anschließenden Interviews: »Boomer is a state of mind.« Also eine innere Haltung. Und tatsächlich nennt man sich spätestens seit diesem Vorfall ganz unabhängig vom Alter gegenseitig Boomer, wenn man jemandem anlastet, entweder technisch schnell überfordert oder allem Neuen und Fortschrittlichen gegenüber viel zu skeptisch und peinlich unbeholfen zu sein. Ein Label-Shitmove muss also nicht stimmen, sondern passen.

»OK Boomer« wurde übrigens auch schon vor 2019 hier und da mal gesagt, vor allem online gab es auch entsprechende Memes. Aber erst durch die Rede im neuseeländischen Parlament und die anschließende Skandalisierung lernte der Rest der Welt diesen Label-Shitmove kennen. Worin eine weitere typische Qualität zu erkennen ist. Wer eine andere Person im richtigen Moment und vor geeigneten Zeugen mit einem Label-Shitmove traktiert, sorgt für einen taktischen Skandal, durch den das Opfer sein Etikett kaum noch loswerden kann, weil plötzlich alle darüber sprechen. Selbst wer das Opfer verteidigt, nimmt dafür die umstrittenen Worte immer wieder in den Mund und füttert damit den Label-Shitmove durch die Macht der Wiederholung. Und so kontrolliert der Label-Shitmover, wie das Opfer vom Rest der Welt gesehen und bezeichnet wird.

Um den Effekt zu verstärken, schreibst du also auf das Schild, das du deinem Gegenüber quasi auf die Stirn pappst, am besten etwas Griffiges, Unterhaltsames und gezielt Polarisierendes.

Achte auch auf einen eingängigen Rhythmus. Lässt sich dein Label-Shitmove gut rappen oder singen? Auch Alliterationen addieren Ausdrucksstärke.

Wer übrigens bei den letzten Absätzen an Prinzipien der Werbung denkt, liegt genau richtig. Die Macht der Wiederholung und die Regeln für Emotionalisierung durch knappe Griffigkeit lassen sich alle auch auf den sogenannten Claim anwenden, den Spruch aus der Werbekampagne, den sich alle merken sollen. Und dieser Begriff des Claims bringt noch mal den Kern des Label-Shitmoves genau auf den Punkt.

To claim heißt nämlich einerseits »behaupten«. Und mit dem Label-Shitmove hängst du deinem Gegenüber ja eine Eigenschaft oder Story an, du behauptest sie einfach. Ganz egal, ob sie (so) zutrifft. Andererseits heißt *to claim* aber auch »etwas für sich in Anspruch nehmen«. Und das ist leider nicht das aufrichtige Gewinnen des Gegenübers. Es ist sogar nicht nur der einmalige Sieg über die Person. Es ist ein *Claim* im Sinne von Eroberung und Unterwerfung. Etwas oder jemanden so zu benennen, dass dein Begriff übernommen und weitergetragen wird, ist eine Form von Besitzergreifung.

Dieses Prinzip ist so alt, dass Boomer es schon aus der Bibel kennen: »Der Mensch gab also Namen allem Vieh und den Vögeln des Himmels und allen Tieren des Feldes.« Und hätte ein YouTuber die Bibel geschrieben, dann würde dieser Stelle das Wort »OWNED« folgen. Denn wer dein Label bestimmt, besitzt dich.

WIE WEHRT MAN SICH GEGEN DEN LABEL-SHITMOVE?

Entweder augenblicklich und mit aller Schärfe oder gar nicht. Dieser Shitmove funktioniert ähnlich wie eine Trauung. Wer etwas gegen die Ehe zwischen dem Label und seinem Opfer einzuwenden hat, möge sofort sprechen oder für immer schweigen. Und leider ist es oft gar nicht möglich, die Zeremonie im Keim zu ersticken, weil das Opfer in Abwesenheit verheiratet wird. Der eingangs erwähnte König der Label-Shitmoves versteckt sich ja beispielsweise grundsätzlich in der Festung seiner fanatischen Gefolgschaft, um von dort aus wie ein Heckenschütze mit Labels wie *Crooked Hillary* oder *Sleepy Joe* zu feuern. Die so Getauften sind nie anwesend, um sich zu wehren. Auch die irre Iris erfuhr erst von ihrem neuen Titel, als er bereits im Umlauf war.

In Situationen wie im neuseeländischen Parlament kann das Opfer zwar anwesend sein, aber halt nicht am Mikrophon stehen. Auch dann ist eine sofortige, effektive Gegenwehr unmöglich. Und eine spätere Gegenwehr gibt dem Label-Shitmove eben noch zusätzliches Momentum, wie wir allein daran sehen können, dass die Bezeichnung »irre Iris« in diesem Kapitel jetzt schon zum fünften Mal wiederholt wird.

Kann man sich also überhaupt nicht dagegen wehren, wenn man die eigene Label-Shitmove-Hochzeit verpasst hat? Doch, zwei Ansätze hätten wir schon. Da wäre erstens ein verstaubtes Sprichwort, das dem Theaterkritiker Oscar Blumenthal zugeschrieben wird. So mancher Boomer findet es vielleicht heute noch im Poesiealbum aus Grundschulzeiten: »Red't einer schlecht von dir – sei's ihm erlaubt. Doch du, du lebe so, dass keiner es ihm glaubt.« Das lässt sich ernster nehmen, als es klingt. Denn ein Label-Shitmove muss passen, damit er funktioniert.

Und wir können uns bewusst so verhalten, dass er schlicht nicht passt, wodurch der Shitmover unangemessen giftig klingt und sich eher selbst schadet.

Zum Beispiel berichten klassische Medien häufig neidvoll abwertend über Menschen mit riesiger Onlinereichweite, die in einigen Fällen gut recherchierte Aufklärung in die breite Masse streuen. Dann labelt man sie ganz gern als »Blogger« oder »Influencer«, das klingt so schön unseriös und fragwürdig. Selbstverständlich muss man jemanden wie Rezo nicht gleich als Journalist bezeichnen, wenn er mal ein politisch aufklärendes Video mit Hunderten von Quellenangaben hochlädt, das von Millionen gesehen wird. Auch nicht, wenn so was öfter vorkommt. Aber wer dann mit Label-Shitmoves auf seine Haarfarbe zielt, schießt Eigentore. Denn dadurch wirkt Rezo im Vergleich plötzlich doch wie ein wesentlich seriöserer Journalist.

Offensichtlich besser zu sein, als der Label-Shitmove es dir unterstellen will, ist also eine erste Erfolg versprechende und stilvolle Strategie. Und die zweite fängt auch wieder mit einem Sprichwort an, diesmal ist es sogar noch abgelutschter: »Wenn das Leben dir Zitronen gibt, mach Limonade draus.« – Ignorieren wir doch einfach, wie banal diese Zitronenweisheit klingt, und wenden sie auf den Label-Shitmove an: Warum solltest du dich dagegen wehren, wenn du ihn annehmen und zu deinem Vorteil umdeuten kannst? Oder kurz: *Don't get owned by the label, own it!* – Lass dich nicht vom Label besitzen, sondern besitze es.

Die praktische Anwendung dieser Strategie ist immer vom konkreten Beispiel abhängig, aber mit ein bisschen Kreativität fast immer möglich. Natürlich nicht in allen erdenklichen Fällen, zum Beispiel ist diese Methode nicht zu empfehlen als Reaktion auf Label-Shitmoves wie »Nazi« oder ähnlich verrottete Zitronen, die partout keine Limonade hergeben. Aber mit »Steuerhinterzieher« hat's funktioniert. Und zwar 2016 in der ersten US-Präsidentschaftsdebatte zwischen dem König der Label-Shitmoves und Crooked Hillary. Er wollte im Wahlkampf seine Steuererklärung nicht veröffentlichen, und sie zog daraus den logischen Schluss, dass er etwas zu verbergen hätte. Auch wenn sie ihn aus juristischen Gründen nicht explizit als Steuerhinterzieher bezeichnen durfte, stand das Label klar im Raum, und er stritt es nicht ab, sondern umarmte es und sagte: »That makes me smart.«

Nein, dieser Absatz ist nicht als Anstiftung zu Straftaten gemeint! Nur als griffiges Beispiel für die zweite Strategie im Umgang mit Label-Shitmoves. Diese kann sogar so weit gehen, dass man sich selbst schon vorsorglich mit einem positiven Label beklebt, um weniger Angriffsfläche zu bieten. Muhammed Ali hat beispielsweise sein Label *The Greatest* selbst etabliert. Und der eben erwähnte Steuerhinterzieher dürfte den meisten auch unter dem selbst erfundenen Titel *Stable Genius* bekannt sein. Aber gut, so viel Großspurigkeit sollte mit mindestens ebenso viel Charme kombiniert werden, sonst wird es schon wieder nichts mit dem Gewinnen der anderen Person.

Ein letzter Punkt ist nun noch offen: Wie erstickt man den Label-Shitmove im Keim, wenn man unmittelbar Gelegenheit dazu hat? Wenn man zum Beispiel ebenfalls ein Mikrophon hat, wie 2016 der australische Senator Mitch Fifield, dem in einem Ausschuss Mansplaining vorgeworfen wurde. Was ein Label für herablassende Erklärungen des Offensichtlichen durch Männer ist und übrigens noch nebenbei zeigt, dass oft allein die Sprechweise oder die Wirkung von Menschen gelabelt wird. Jedenfalls interessiert uns hier nicht, ob Senatorin Katy Gallagher mit ihrem Vorwurf recht hatte. Sondern wie er sich dagegen wehrte. Er verlangte, dass sie den Begriff erklärte, und fragte sie dann, wie es wohl bei ihr und der Welt ankäme, wenn er ihr Womansplaining vorwerfen würde.

Der Streit, den sich die beiden daraufhin lieferten, war zwar voller weiterer Shitmoves, und sie konnten sich damit keineswegs gegenseitig gewinnen. Aber Fifield erreichte zweifellos, dass Gallaghers Schuss nach hinten losging, weil sie mit zunehmender Verlegenheit ihren Shitmove rechtfertigen musste. Mehr kann kaum erreicht werden, wenn man sich augenblicklich und energisch gegen einen Label-Shitmove zur Wehr setzt, solange man noch kann.

Das schon bekannte Prinzip, mit dem er diesen Erfolg hatte, lautet *Name it and tame it* – Blicken und Knicken. Wenn du zusammen mit einem Label-Shitmove an den Traualtar geführt wirst und ihn heiraten sollst, dann schweige nicht, denn das ist gleichbedeutend mit »Ja, ich will«. Schau dir den Shitmove besser erst mal genau an und frag selbstbewusst, was das Ganze soll. Vielleicht fällt dir sogar eine Art gespiegeltes Label ein, das du der anderen Person als Tauschgeschäft anbieten kannst. Jedenfalls lautet das Ziel, den Shitmove als solchen zu entlarven und allein dadurch schon der Falle zu entgehen, dass das Label an dir kleben bleibt.

KURZFASSUNG
#4 LABEL-SHITMOVE – Der stigmatisierende Angriff

Ziel des Label-Shitmoves
- Du bestimmst, wie dein Gegenüber ab jetzt gesehen wird.

Vorbereitung
- Finde ein Label für die Person selbst/ihre Sprache/ihre Wirkung, das nicht stimmen, sondern passen muss.
- Klingt es griffig und einprägsam?

Ausführung
- Dann los! Platziere das Label lässig und zielsicher.
- Idealerweise vor geeigneten Zeugen, die den Label-Shitmove weiterverbreiten – das Opfer muss nicht mal anwesend sein.

Abschluss

Es war ja kein Dissmove, also genieße amüsiert die Show. Sorge für häufige Wiederholung des Labels, damit es klebt.

Antwort
- Entlarve den Label-Shitmove möglichst sofort und kontere ihn selbstbewusst.
- Andernfalls verhalte dich so, dass das Label nicht passt.
- Wenn es schon klebt: *Don't get owned by the label, own it.*

#5

LIEBER SHITMOVE

💩

Der als Kompliment getarnte Angriff

Matthias: »Du machst das echt ganz gut.«
Iris: »Was mach ich gut?«
Matthias: »Das mit dem Schreiben. Und das als Frau! Du widerlegst das Vorurteil.«
Iris: »Ah. Danke.«
Matthias: »Ganz fein machst du das.«
Iris: »Okay …?«
Matthias: »Du hast sogar an die Satzzeichen gedacht. Prima.«
Iris: »Fuck off!«

Es war einmal ein Rabe. Der saß auf einem Ast und knabberte an einem Stück Käse. Da kam der Scheißfuchs und manipulierte ihn mit einem lieben Shitmove: »Rabe, ich feier deine Stimme. Du bist der beste Sänger aller Zeiten. Sing mal was.« Der arme Rabe hatte ein Spatzenhirn und tat es. Dabei fiel ihm sein Käse aus dem Schnabel, und der Fuchs ließ ihn sich schmecken. Kleine Käsebrocken seilten sich an Speichelfäden aus seinem Maul ab, während er zu allem Überfluss noch voller Häme die Moral von der Geschicht verkündete: »Hüte dich vor Schmeichlern.«

Dass Lob und Komplimente gute Manipulationswerkzeuge hergeben, wusste also schon Aesop, dem diese Fabel zugeschrieben wird. Aber wenn der liebe Shitmove in all seinen Dimensionen schon dadurch ausreichend beschrieben wäre, dass man mit Schmeichelei Käse klauen kann, dann wäre er fabelhaft schlicht. Und wir könnten schon zum nächsten Shitmove übergehen, denn die Moral ist auch schon die Lösung. Hüte dich vor Schmeichlern.

Tatsächlich haben wir es aber mit einem vielseitigen und listigen Manöver zu tun. Kein Wunder, dass der Scheißfuchs es einführen durfte. Aber selbst der Scheißfuchs ist ein hinreißend sympathischer Sonnenschein im direkten Vergleich mit der britischen Kolumnistin Katie Hopkins. Hätten wir jetzt fast geschrieben. Ups, ein Quasi-Shitmove. – Hättest du auch ohne Hinweis erkannt, oder? Prima aufgepasst, ganz große Spitzenklasse! Such dir ein Fleißkärtchen aus. So klingt der liebe Shitmove, mit dem wir nun Katie Hopkins noch mal kurz vorstellen möchten. Denn laut eigenen Angaben ist es unmöglich, sie zu kränken, sie hat keinerlei Filter, und die Faustregel *»Own your label«* könnte von ihr sein. Jede noch so harte Kritik würde sie nur stolz bestätigen und uns mit lieben Shitmoves dafür loben. Loben wir sie also lieber selber: Katie Hopkins ist eine unerschöpfliche Inspiration für dieses Buch, und ihre unbestreitbare Eloquenz, mit der sie sich kultiviert gegen Kultur starkmacht, hat eine extrem unterhaltsame Qualität: Sie macht so fassungslos, dass man oft nur verblüfft lachen kann.

So erging es auch den Anwesenden im Saal der Cambridge Union, wo Katie Hopkins 2017 zu einer Debatte eingeladen war und sich ihnen zur Begrüßung als Frankensteins Monster vorstellte, erschaffen von den »liberalen Faschisten«, die draußen auf der Park Street gegen ihre Einladung protestierten. Folgerichtig sprach sie dann immer weitere Monstrositäten aus, über die immer lauter gelacht wurde. Als sie gerade ihre heiße Liebe zu ihrem Seelenverwandten Donald Trump gestanden hatte, stellte ein Student die erste Publikumsfrage.

Seine Wangen röten sich, er stammelt ein wenig. Vielleicht nachvollziehbar angesichts seines jungen Alters, der renommierten Cambridge Union und seiner maximal selbstbewussten Adressatin. Aber er stellt eine interessante Frage. Nämlich, ob es irgendetwas gäbe, das Trump tun könnte, wodurch Hopkins ihn, ähm … – hier vollendet sie ungeduldig seine Frage: wodurch sie ihn weniger unterstützen würde. Und sofort hängt sie einen lieben Shitmove an ihre Unterbrechung:

»Beinahe das Ende der Frage erreicht! Fein gemacht, Cambridge. Gar nicht so einfach, Student zu sein, wenn man so clever ist, stimmt's?«

GAR NICHT SO LIEB, DER LIEBE SHITMOVE, STIMMT'S?

Schön erkannt, du kannst ganz doll stolz auf dich sein. Es geht hier offensichtlich um Dominanz. Wer das Gegenüber im Streit lobt, demonstriert damit eine dermaßen unbestreitbare Überlegenheit, dass man auch mal gönnen kann. Oder eine so peinliche Unterlegenheit des Gegenübers, dass man es sarkastisch trösten und scheinbar liebevoll bemitleiden möchte.

Katie Hopkins ist geradezu süchtig nach dieser Machtdemonstration und zückt sie über die gesamte Debatte hinweg immer wieder aus ihrem stattlichen Shitmove-Arsenal. Meistens noch bevor jemand dazu kommt, eine Frage oder einen Einwand zu formulieren, lobt sie die jeweilige Person für ihre schöne Haut, für ihren tiefen Stimmklang, hin und wieder auch für die Formulierung eines Beitrags. Einmal, als ein Student ihr gesamtes Lebenswerk grundlegend als parasitär und destruktiv beschreibt, kündigt sich Applaus an, den sie lobend ermutigt. Seine Frage, wie sie ihren Hass vor sich selbst rechtfertigt, bezeichnet sie gütig als Fair Play. Und dann vergleicht sie diesen Frager auch noch mit seiner Vorrednerin: »Besser als deine Frage eben. Du hast aber gut geklatscht. Bleib beim Klatschen, das kannst du gut.«

Mit dem lieben Shitmove bestimmst du, ob dein Gegenüber satisfaktionsfähig ist oder nicht. Satisfaktionsfähigkeit ist ein Begriff, den ausgerechnet Institutionen wie die Cambridge Union weitgehend gekillt haben, denn hier sollte man sich fortan mit Worten duellieren, nicht mehr mit tödlichen Waffen. Das ist nämlich bis ins 19. Jahrhundert Standard gewesen. Aber nicht für alle, man musste schon satisfaktionsfähig sein. Wenn ein adliger Student sich von einem Bäckerlehrling beleidigt fühlte, war ein offizielles Duell als Mittel zur Befriedigung undenkbar. Der Bäckerlehrling war es einfach nicht wert.

Genau das kommuniziert der liebe Shitmove: Du bist es gar nicht wert, mich mit dir zu streiten, das wäre einfach nicht mein Niveau. *I can't get no satisfaction.* Und dass ich wirklich zu nobel für eine Auseinandersetzung mit dir bin, führe ich elegant vor, indem ich dich großzügig oder sarkastisch lobe.

Und was ist mit dem Scheißfuchs aus der Fabel von Aesop? War sein Kompliment auch nur reine Demütigung im samtigen Tarnanzug der intellektuellen Überlegenheit? Nein, der liebe Shitmove eignet sich auch als einfache Manipulation, um der anderen Person ihren Käse zu stehlen. In Auseinandersetzungen heißt das dann konkret, einerseits ein wirklich aufrichtiges Lob zu formulieren, es aber andererseits zu flankieren mit einer knallharten Entwertung der gegnerischen Position. Eine so irritierende Kombination, dass die andere Person nicht weiß, ob sie sich freuen oder protestieren soll. Diese Absicht verfolgte beispielsweise der Parteigründer Jürgen Todenhöfer in einem Interview von 2021. Mit einladendem Lächeln bezeichnete er Tilo Jung, der ihn ins Kreuzverhör nahm, als den »deutschen journalistischen James Dean«, der »mit unglaublichem Charme und Lächeln eine Sauerei nach der anderen« fallen lasse.

Der liebe Shitmove sendet gemischte Signale, Zuckerbrot und Peitsche. Aus freundschaftlichen Diskussionen kennt man sicher Sätze wie »Du bist doch eigentlich viel schlauer« oder »Ich kenne dich sonst immer als fair und vernünftig«. Eigentlich? Sonst immer? Die subtilsten Varianten des lieben Shitmoves machen einen guten Umgang damit besonders schwierig.

WIE GEHT MAN ALSO MIT DEM LIEBEN SHITMOVE UM?

Die generelle Antwort lautet: unbeirrt. Und wir brauchen zunächst mal eine generelle Antwort, denn wie man sieht, kann der liebe Shitmove auf einem breiten Spektrum von Intentionen zum Einsatz kommen. Von der Absicht, zu demütigen, bis zur Absicht, das Gegenüber ehrlich zu gewinnen und dabei eine möglicherweise berechtigte Kritik unterzubringen. Ein legendäres Beispiel für Letzteres ist ein Satz aus einer Edeka-Kampagne mit Friedrich Liechtenstein von 2014: »Es ist großartig, was du hier ablieferst – teilweise!«, mit kleiner Kunstpause und dezenter Betonung auf »teilweise«. Wenn dir der liebe Shitmove als eine Art Augenzwinkern mit konstruktiver Kritik gelingt, würden wir ihn sogar als Reaktion auf viele andere Shitmoves empfehlen! Es hat einfach Stil, dem Gegenüber ein Lob zu gönnen, statt gereizt oder belehrend zu widersprechen. Und ein angenehmer Nebeneffekt ist, dass man schwer angreifbar wird. Einen persönlichen Angriff kannst du beispielsweise unglaublich charmant ins Leere laufen lassen, indem du ihn als besonders originellen Dissmove bezeichnest und der Person, die dich vergeblich beleidigen wollte, zu ihrer Kreativität und ihrem starken Timing gratulierst.

Wenn wir aber nun selbst mit dem lieben Shitmove konfrontiert werden, hilft es, die große Gemeinsamkeit all seiner Erscheinungsformen zu betrachten: Der liebe Shitmover stellt sich grundsätzlich über uns. Entweder auf den höchsten Berggipfel, so dass wir Fußvolk uns über ein spöttisches Lob von Gottes Gnaden freuen dürfen, oder aber auf ein kaum sichtbares Stüfchen, das sich beinahe noch nach Augenhöhe anfühlt. Von dieser höheren Position aus urteilt der liebe Shitmover dann über unseren gesamten Wert als Mensch, also über unsere Satisfaktionsfähigkeit, oder nur über einzelne Aspekte wie unsere Vernunft, unsere Bildung oder unser Erscheinungsbild.

Iris hat zum Beispiel mal in einem Meeting ihre Kampagnenideen präsentieren wollen, worauf ihr Chef lediglich sagte: »Iris, du hast einen richtig schönen Pullover an, der steht dir wahnsinnig gut. Siehst toll aus.« Zu den Ideen verlor er kein Wort, sondern nahm die Präsentation einfach an sich und schloss Iris dann aus allen weiteren Schritten aus. Mit einer Beschwerde von ihr über diese unhöfliche Ausgrenzung musste er nicht rechnen, denn er war doch so ein lieber Scheißfuchs.

Im englischsprachigen Raum wird so ein Verhalten vielleicht etwas aufmerksamer wahrgenommen, denn dort finden wir einen treffenden Begriff, den es so nicht wirklich im Deutschen gibt. Nämlich *patronizing*, was den herablassenden Tonfall und die Übergriffigkeit des lieben Shitmoves exakt beschreibt. Es kommt vom altfranzösischen *patroniser* und bedeutet, wie ein väterlicher Schutzpatron dem Gegenüber gönnerhaft unter die Arme zu greifen. Ein passendes Wort für diese gütige Überlegenheit, die der liebe Shitmove zum Ausdruck bringt. In der deutschen Sprache »patronisiert« man eher nicht, und die gängige Übersetzung, jemanden zu bevormunden, verstehen wir eher als Fremdbestimmung, nicht als Kleinloben.

Wenn sich also jemand mit dem lieben Shitmove extrem weit über uns stellt, reagieren wir fassungslos. Das ist wunderbar zu beobachten an all den »Komplimenten«, die Katie Hopkins in der Cambridge Union austeilt. Wenn sich dagegen jemand nur ein kleines bisschen über uns stellt, reagieren wir überrascht, leicht irritiert oder fühlen uns womöglich sogar ein wenig geschmeichelt. Das sind ja komplett entgegengesetzte Empfindungen! Aber sie haben eine Gemeinsamkeit: Wir werden abgelenkt von dem, worum es uns eigentlich gerade geht. Auf einmal geht's um uns. Etwas Lobenswertes obendrein. Sollte man sich dann nicht bedanken, wenn man gut erzogen ist? Oder ein manipulativ übergriffiges Lob wenigstens kurz kommentieren? Nö! Musst du nicht. Bleib einfach unbeirrt bei deiner Sache. Tilo Jung ignorierte den James-Dean-Vergleich und brachte Jürgen Todenhöfer weiter ins Schwitzen. Selbstverständlich musst du nicht ständig eisern schweigen. Du kannst auch mit der Faustregel *Name it and tame it* arbeiten, den lieben Shitmove als solchen bezeichnen und fragen, ob dein Gegenüber auch ohne solche Manöver argumentieren kann. Stell dich nur darauf ein, dass die Person dich umgehend für deine feine Beobachtungsgabe lobt und die Gegenfrage stellt, ob du dieses Talent nicht lieber dafür einsetzen möchtest, ihr in allem zuzustimmen. Weil dir das nämlich besser stehen würde.

Da wir den lieben Shitmove ja eben noch als elegante Reaktion auf viele andere Shitmoves empfohlen haben, stellt sich jetzt natürlich die Frage, ob er sich auch quasi selbst besiegen kann. Es ist bestimmt nicht ganz ausgeschlossen, dass ein plötzlicher Wettbewerb um den liebsten Shitmove in gemeinsamen Lachanfällen und anschließendem Frieden enden kann. Aber mit höherer Wahrscheinlichkeit entsteht dadurch auf lange Sicht ein anstrengendes Verhältnis, das von vielen kleinen Spitzen und ständiger Passiv-Aggressivität geprägt ist. Wie in einer berühmten Szene aus dem Film *American Psycho*, wenn sich Wall-Street-Investmentbanker ihre neuen Visitenkarten präsentieren und dabei an gegenseitigem Lob übertreffen, aber innerlich grollen. Bevor du also zu Patrick Bateman mutierst und liebe Shitmover um die Ecke bringst, leg den Fokus vielleicht doch besser auf deine eigentlichen Argumente, statt den als Kompliment getarnten Angriff in gleicher Währung erwidern zu wollen. Iris wünscht sich rückblickend, sie hätte ihrem Chef damals geantwortet, dass sie ihm gern bei seiner Pulloverauswahl behilflich ist, sobald ihre Kampagnenideen besprochen sind und ihre Rolle für alles Weitere geklärt ist.

Als Reaktion auf einen lieben Shitmove unbeirrt beim eigenen Anliegen zu bleiben, ist natürlich Übungssache, so wie fast alle Strategien im Umgang mit Shitmoves. Aber wenn du weißt, was überhaupt das Ziel der Übung sein sollte, kannst du dich darauf verlassen, dass sie auch etwas bringt. Wer sie durchzieht, wird unter Garantie souveräner mit der Zeit!

KURZFASSUNG
#5 LIEBER SHITMOVE – Der als Kompliment getarnte Angriff

Ziel des Lieben Shitmoves
- Du stellst dich über die andere Person.
- Dein Gegenüber ist irritiert und vom Thema abgelenkt.

Vorbereitung
- Nimm innerlich eine Position der Überlegenheit ein.
- Schau von dort gütig herab und suche Lobenswertes.

Ausführung
- Spendiere deinem Gegenüber ein Kompliment oder Lob.
- Du bist so klar überlegen, dass du dir Güte leisten kannst.
- Je aufrichtiger du klingst, desto schwieriger wird es, dir dein Verhalten als lieben Shitmove vorzuwerfen.

Abschluss
- Kombiniere den lieben Shitmove nach Belieben mit Kritik oder offenen Angriffen. Diese Mischung irritiert dein Gegenüber, und du kontrollierst das Gespräch.

Antwort
- Bleibe unbeirrt bei deinem Anliegen.
- *Name it and tame it* – »Kannst du auch ohne Shitmoves?«.

#6

OPFER SHITMOVE

Die Mitleidsnummer

Matthias:	»Fang schon an, mit mir kann man's ja machen.«
Iris:	»Was machen?«
Matthias:	»Den nächsten Shitmove demonstrieren.«
Iris:	»Als ob das immer nur mein Part wäre!«
Matthias:	»Ist doch so! Ich bin immer das Opfer.«
Iris:	»Was bist du für ein Lügner!«
Matthias:	»Siehst du, schon wieder greifst du mich an.«
Iris:	»Aber du bringst doch auch Shitmoves.«
Matthias:	»Ich wehre mich nur, das ist was anderes.«
Iris:	»Kannst du jetzt mal mit dieser Masche aufhören?!«
Matthias:	»Bin schon ruhig. Ich darf ja eh nichts hier …«

So, Werbepause! Mach dir für die Lektüre der folgenden Seiten ein bisschen Hintergrundmusik an, am besten fröhliches Infomercial-Gedudel, wie es in Dauerwerbesendungen für tolle Küchengeräte laufen würde. Wer bei Musik nicht konzentriert lesen kann, stelle sie sich einfach vor. Los geht's.

DAUERWERBESENDUNG

Kennen Sie das auch? Sie haben sich im Streit komplett danebenbenommen, und jetzt sitzen Sie in der Falle. Dass Sie nur gescherzt hätten, kauft Ihnen jetzt keiner mehr ab. Alles nur sarkastisch gemeint? Pah! Sie haben einen Shitmove nach dem anderen gebracht, Ihr Gegenüber persönlich attackiert und sich sogar teilweise in extreme Ansichten verbissen. Nun stehen Sie ganz klar als Shitmover da.

Dann halten Sie sich jetzt gut fest, denn hier kommt die ultimative Lösung für Ihr Problem. Drehen Sie den Spieß einfach um. Mit dem Opfer-Shitmove! Ja, Sie haben richtig gehört, Sie sind hier verdammt nochmal das Opfer! Endlich Schluss mit dieser ätzenden Verantwortung für die eigenen Fehler. Der Opfer-Shitmove ist kinderleicht einsetzbar, atemberaubend effektiv und ein echtes Multitalent für jede noch so schmutzige Eskalation.

Sie sollen jemanden beleidigt haben? Quatsch! Erstens wurden Sie ja wohl vorher beleidigt. Und zweitens war die Schmach, die Sie ertragen mussten, tausendmal schlimmer. Dass Ihnen vor lauter Schmerz dann ebenfalls eine Kleinigkeit rausrutscht, ist doch nur ein natürlicher Reflex. Das ist vollkommen menschlich!

Switchen Sie in den Autopiloten, und zack, schon beschleunigt der Opfer-Shitmove vollautomatisch in den Turbomodus: Dürfen Sie etwa kein Mensch sein? Hat Ihr Gegenüber etwas gegen Menschen? Oder nur gegen Menschen wie Sie? Aha, Sie werden hier also gezielt diskriminiert!

DAUERWERBESENDUNG

Na so was, nun wirft man Ihnen vor, dass Sie sich selbst der Diskriminierung schuldig gemacht hätten? Tabus gebrochen? Andere damit verletzt und gedemütigt? Das gibt's doch nicht, jetzt hat's auch noch die Sprachpolizei auf Sie abgesehen! Eine unbarmherzige Hexenjagd gegen Sie und Ihresgleichen findet statt. Schalten Sie den praktischen Opfer-Shitmove einfach auf Heldenmodus. Was Sie gesagt haben, war ein notwendiger Akt der Rebellion gegen ein intolerantes Regime! Sie lassen sich aber niemals unterkriegen. Wer Sie kritisiert, hat es offensichtlich auf unser aller Freiheit abgesehen. Sie wehren sich nicht nur für sich, sondern für die Menschheit!

Ups, beim Wehren haben Sie nun aber wirklich den Rahmen gesprengt und sich sogar strafbar gemacht? Beleidigung? Üble Nachrede? Verleumdung? Volksverhetzung? Sie sind womöglich gar handgreiflich geworden? Selbst bei hartnäckigsten Vorwürfen steht der Opfer-Shitmove Ihnen immer zur Seite. Sie haben aus Notwehr gehandelt, und überhaupt wird das Gesetz ja wohl hier missbraucht, um unliebsame Menschen wie Sie mundtot zu machen.

Vertrauen Sie Tausenden von zufriedenen Kunden aus aller Welt und greifen Sie jetzt zum Opfer-Shitmove, dem beliebtesten Shitmove auf dem Markt. Sein Erfolg spricht für sich selbst. Damit gewinnen Sie alles! Konflikte, Wahlstimmen und vor allem Aufmerksamkeit. Jetzt online oder beim Gegner Ihres Vertrauens!

DER ULTIMATIVE JOKER UNTER DEN SHITMOVES

Wenn du Erfahrungen mit krankhaftem Narzissmus in zwischenmenschlichen Beziehungen hast, kennst du diese fiese Trumpfkarte nur zu gut. Denn dort wird sie ständig gespielt, wodurch du dich als Gegenpart permanent schuldig fühlst und dich in Auseinandersetzungen wie auf rohen Eiern bewegst. Falls du dich überhaupt noch bewegst, aus lauter Sorge, dein Gegenüber wie immer tödlich zu kränken.

Wenn der Quasi-Shitmove ein bewaffneter Raubüberfall mit einem geflüsterten »Stell dir einfach vor, dass das gar nicht passiert« ist, dann ist der Opfer-Shitmove ein bewaffneter Raubüberfall mit einer anschließenden Anzeige gegen die beraubte Person. Hätte der Militärtheoretiker Carl von Clausewitz sein einflussreiches Werk *Vom Kriege* auf einer Überdosis Koks geschrieben, wäre ihm vielleicht im Rausch noch eine perverse Steigerung seiner berühmten Faustregel »Angriff ist die beste Verteidigung« eingefallen. Und zwar der Opfer-Shitmove: »Verteidigung ist der beste Angriff.«

Okay, schrauben wir die Kriegsrhetorik an dieser Stelle mal ein bisschen runter. Natürlich gibt's auch ganz beiläufige Opfer-Shitmoves, die keinen pathologischen Narzissmus voraussetzen. Wir haben im Streit doch bestimmt alle schon mal Sätze wie »Ich kann nicht mehr, du raubst mir den letzten Nerv!« entweder gesagt oder gehört. Hier spüren die meisten Menschen eine deutliche Tendenz, ob sie so was öfter zu hören kriegen oder öfter selber sagen. Zu welchen gehörst du?

Matthias hat beispielsweise ein überdurchschnittliches Durchhaltevermögen im Ausdiskutieren von mittelgroßen Problemen und wird daher meistens eher zum Adressaten dieser vergleichsweise harmlosen Variante des Opfer-Shitmoves. Wer sich hingegen in so einer Klage über den Raub des letzten Nervs selbst wiedererkennt, fühlt sich jetzt möglicherweise angegriffen, weil es sich dabei angeblich um einen Opfer-Shitmove handelt. Scheißegal, dass wir die Worte »vergleichsweise harmlos« hinzugefügt haben! Was fällt uns eigentlich ein? Man wird sich ja wohl noch darüber beschweren dürfen, dass ein Streit extrem kräftezehrend ist, wenn er es nun mal ist?! Oder darf man nicht mal so was noch laut sagen?

Okay, hier kommt unser Versuch, dich zu gewinnen, falls du dich gerade gemeint fühlst. Bereit? – Was hältst du von der Idee, erst mal nachzufragen, ob alle Beteiligten den Streit genauso anstrengend finden? Ob eine kurze Pause in Ordnung wäre? Wenn du es nicht so klingen lässt, als wäre ausschließlich die gegnerische Seite für den Ärger verantwortlich, dann wird's kein Opfer-Shitmove, sondern ein Angebot. Selbstverständlich gibt es auch manchmal Leute, die ein wirklich anstrengendes Eskalationssolo hinlegen können. Aber wenn wir auf solche Leute mit einem Opfer-Shitmove reagieren, spielen wir nur ein kakophones Duett.

Und? Fühlst du dich gewonnen? Gut, dann widmen wir uns doch noch einmal den dunkel lockenden Abgründen des Opfer-Shitmoves. Er hat die Macht, einfache Spannungen in ewigen Hass zu verwandeln, wenn beide Seiten sich ausschließlich als Opfer der jeweils anderen empfinden. Und deshalb kann der ultimative Joker unter den Shitmoves für einige Menschen verführerisch wirken, wenn sie sich vor einer Niederlage fürchten. Denn damit lässt sie sich scheinbar abwenden und stattdessen gegen Feindschaft eintauschen. Als wäre Feindschaft keine Niederlage für alle Beteiligten.

Das geht oft so weit, dass wir die Beschreibung konkreter

Fälle lieber meiden. Aus drei Gründen. Erstens, weil wir doch sowieso schon seit dem Werbespot konkrete Fälle im Kopf haben. Oder? Läuft übrigens noch deine Infomercial-Musik? Du kannst sie längst ausschalten. Zweitens, weil einige Menschen mit Opfer-Shitmoves Geld machen. Okay, für diesen Trick haben wir wenigstens ein anonymes Beispiel: Iris hat mal an einer Werbekampagne für einen Mobilfunkanbieter mitgearbeitet. Der Claim »Jetzt auch D-Netz für C-Promis!« begleitete das Bild eines C-Promis. Und dieser dachte sich wohl frei nach Carl von Clausewitz: Verteidigung ist der beste Angriff! Zack, Klage, sechsstellige Entschädigungssumme. Wie Iris später erfuhr, sind solche Opfer-Shitmove-Klagen die Haupteinkommensquelle für jenen nicht genannten C-Promi.

Rückstellungen in dieser Höhe können wir uns aktuell noch nicht leisten. Vielleicht beim nächsten Buch. Aber der dritte und wichtigste Grund für unsere Vorsicht, der ja noch aussteht, ist auch gleichzeitig unsere Empfehlung für einen schlauen Umgang mit dem Opfer-Shitmove.

HILFE, ICH WURDE OPFER EINES OPFER-SHITMOVES!

Tja. Womit soll man diese Trumpfkarte denn noch übertrumpfen? – Mit gar nichts! Du musst einen Opfer-Shitmove weder übertrumpfen noch ihm überhaupt Energie schenken. Das ist unser dritter und wichtigster Grund, in diesem Kapitel konkrete Beispiele zu meiden, und er ist uns selbst erst so richtig beim Schreiben des Opfer-Shitmove-Werbespots aufgegangen: »Damit gewinnen Sie alles, vor allem Aufmerksamkeit!« Nur weil unser Gegenüber Drama will, müssen wir doch nicht gleich mitspielen.

Diese Strategie ist so einfach wie kontraintuitiv: Sobald dich jemand mal wieder als Bösewicht besetzen will, ist es ein nachvollziehbarer Reflex, dich heftig dagegen zu wehren. Aber entweder nimmst du genau dadurch die Rolle unfreiwillig an, weil dich die Unterstellungen deines Gegenübers so provozieren, dass du hart wirst. Zack, schon bist du der Bösewicht. Oder aber du wirst extra weich, um das Gegenteil zu demonstrieren. Du stellst empathische Fragen, hörst aufmerksam zu, tust all das, was einem wirklichen Opfer helfen kann. Und spätestens dann zeigt sich, ob du es vielleicht doch nur mit einem Opfer-Shitmover zu tun hast, denn in dem Fall hilft es ganz und gar nicht, ihm auch noch eine Bühne zu geben.

Wenn du absolut sicher bist, dass dein Gegenüber ein Opfer-Shitmover ist, dann kannst du dir ebenso sicher sein, dass deine aufrichtige Zuwendung sinnlos verpufft oder, schlimmer noch, missbraucht wird. Denn es ist überhaupt nicht möglich, die dir zugewiesene Rolle so zu spielen, dass du dein Gegenüber gewinnst. Es geht ihm nicht darum, von dir gewonnen zu werden oder dich für sich zu gewinnen, sondern allein um die Aufmerksamkeit. Davon ernährt sich der Opfer-Shitmover, und die Geschmacksrichtung ist ihm egal. Das gilt sowohl für zwischenmenschliche Beziehungen als auch für Populismus. In öffentlichen Debatten ist eine zusätzliche Gemeinheit, dass die Aufmerksamkeit nicht nur vom angeblichen Bösewicht eingefordert wird, sondern auch von der dritten Rolle im sogenannten Drama-Dreieck: vom Retter! Außenstehende sollen bitte schön Partei beziehen und können ebenfalls nur falsche Entscheidungen treffen. Zustimmung und Widerspruch geben dem Opfer-Shitmove gleichermaßen Rückenwind.

Der lateinische Begriff *Argumentum ad misericordiam* erklärt, warum der Trick so zuverlässig funktioniert. Ein »Argument ans Mitleid«, also eine Manipulation unseres Gerechtigkeitssinns, spielt mit unseren Reflexen und unterwandert dabei unsere Vernunft. So kann das Drama seinen Lauf nehmen. Das erwähnte Dreieck aus Täter/Verfolger, Opfer und Retter ist übrigens ein hochspannendes Thema, wenn man sich mit dieser Dynamik noch tiefer beschäftigen möchte. Das ist jedoch komplex genug für ein eigenes Buch, zum Beispiel *A Game Free Life* von Stephen Karpman, Psychiater und Begründer des Drama-Dreiecks. Darin finden sich Strategien, mit denen man jede der drei Rollen positiv umwandeln kann. Allerdings liegt der Fokus auf Rollen, die normalerweise unbewusst gespielt werden. Kommen wir also zurück zum bewusst gespielten Opfer-Shitmove. Denn noch ist offen, wie genau man nun die angebotene Rolle des Bösewichts ablehnen kann, ohne sie gegen die blöde Rolle eines Steins einzutauschen, der alles stoisch über sich ergehen lässt.

Diesmal werden wir in der Serie *Mad Men* fündig. Ihr Protagonist Don Draper formuliert darin eine starke Regel: »*If you don't like the conversation, change the topic.*« – Wenn dir das Gespräch nicht gefällt, wechsel das Thema. Matthias hat diese Strategie schon als Schüler entdeckt. Es gab da nämlich diesen einen Chemielehrer in der neunten Klasse, der zwar gut in seinem Fach, aber weniger gut im Umgang mit Teenagern war. Er fühlte sich schnell provoziert und geriet dann in eine Art Opfer-Shitmove-Strudel. Schon bei kleineren Störungen griff er sofort zu Sätzen, die einigen bestimmt vertraut vorkommen, wie zum Beispiel: »Ihr könnt euch nicht vorstellen, wie frustrierend es für mich ist, dass ihr mir den Job immer so schwermacht. Es ist doch auch für mich die sechste Stunde!«, und aus seinem Frust wurde Ärger, und aus dem Ärger wurden gerne mal Kollektivstrafen: »Ich bin der Letzte, der das will, aber ihr lasst mir ja keine Wahl. Dann gibt's jetzt eben einen unangekündigten Test. Ihr wolltet es so!« Sein Beispiel zeigt ein extrem beliebtes Einsatzfeld des Opfer-Shitmoves, nämlich zur Rechtfertigung von Strafen oder eigenen Aggressionen – das Gegenüber hat ja danach geschrien.

Jedenfalls hat die Don-Draper-Formel bei dem Chemielehrer hervorragend funktioniert, selbst wenn er bereits zur Strafe schreiten wollte. Man musste nur kurz einen Blick ins Chemiebuch werfen und ihn nach irgendeinem Stichwort fragen: »Stimmt es, dass Sie selber Seife aus Fett machen können?«, und schon war er wieder mit ganzer Leidenschaft bei seinem Fach.

Es hilft also, wenn du eine ungefähre Ahnung hast, was den Opfer-Shitmover ausreichend interessieren könnte, damit die Strategie funktioniert. Oder du kannst so mitreißend über eigene Themen reden, die dich viel mehr interessieren, so dass sich niemand deiner Begeisterung entziehen kann. Denn die beste Antwort auf Drama ist ein spannenderes Drama.

KURZFASSUNG
#6 OPFER-SHITMOVE – Die Mitleidsnummer

Ziel des Opfer-Shitmoves
- Dein Gegenüber ist der Bösewicht, du bist das arme Opfer.

Vorbereitung
- Sammle geeignetes Material für Vorwürfe und Schuldumkehr.

Ausführung
- Wirf deinem Gegenüber Shitmoves oder Schlimmeres vor.
- Du bist komplett unschuldig und wehrst dich doch nur.
- Verdrehe alles – Kritik an dir ist versuchte Zensur.

Abschluss
- Beiß dich unlösbar am Täter-Opfer-Gefälle fest.
- Alles dreht sich jetzt nur noch um dich, dein Gegenüber steht immer in deiner Schuld und soll das akzeptieren.

Antwort
- Du musst die Rolle des Bösewichts nicht annehmen.
- Du musst noch nicht mal in diesem Drama mitspielen, inszeniere lieber dein eigenes und mach's spannender.

#7

DYSTOPISCHER SHITMOVE

💩

Die Drohkulisse

Iris:	»Lass uns aufhören.«
Matthias:	»Womit?«
Iris:	»Mit dem Schreiben. Das war alles ein Riesenfehler.«
Matthias:	»Was? Wieso das denn?«
Iris:	»Ein Buch über Manipulationstechniken, Mann!«
Matthias:	»Ja? Wo ist das Problem?«
Iris:	»Wenn das in die falschen Hände gerät … Wo kämen wir denn da hin?«
Matthias:	»Du führst gerade einfach nur den dystopischen Shitmove vor, stimmt's?«
Iris:	»Na klar.«

Wo wir gerade beim ganz großen Drama sind, kommen wir zum Katastrophenfilm unter den Shitmoves. Wir waren ja beide auf katholischen Schulen. Matthias sogar auf einem katholischen Internat, wo er täglich jede Menge Shitmoves beobachten konnte. Denn dort treffen ja genau die beiden wichtigsten Zutaten aufeinander: Autorität und Glaube. Nichts gegen gläubige Menschen im Allgemeinen, ganz egal welcher Konfession. Ein gläubiges Weltbild allein macht dich noch nicht zum Shitmover. Eigentlich verlangt so ein Weltbild ja sogar das Gegenteil von dir. Aber eben nur eigentlich.

Uneigentlich gab es in diesem Internat in erster Linie Autoritätspersonen, die ihre Autorität nicht mit entsprechender Kompetenz rechtfertigen konnten. Zum Beispiel den Präses. Das Wort heißt erst mal nur »Vorsitzender«. Was direkt nach Konzern klingt – aber das lateinische Wort *präses* klingt eher nach Kloster. Klo---ster wiederum hört sich verdächtig nach Shitmoves an, und zwar nicht nur im metaphorischen Sinne.

Der Präses in diesem Internat war ein Shitmover vor dem Herrn, und sein Lieblingsmove war der dystopische Shitmove. Und den hat er Matthias direkt in seiner ersten Woche im Internat vorgeführt: Matthias kam als Neuer in die neunte Klasse und musste erst mal Freunde finden. Die Hausgemeinschaften waren nicht nach Klassen sortiert, sondern durch alle Altersgruppen gemischt. Seine einzigen beiden Klassenkameraden, die auch in seinem Haus wohnten, waren Sergej und Ruben. Beide rauchten. Matthias nicht. Und er hatte auch nicht vor, sich von ihnen dazu bringen zu lassen. Aber er wollte trotzdem Anschluss finden und begleitete sie deshalb in der ersten Woche in ihre heimliche Raucherecke. Das war der einzige schmutzige Ort im Internat, überall sonst war es extrem sauber. Hier hingegen lag ein Teppich aus Kippenstummeln auf dem Steinfußboden.

Während Sergej und Ruben diesen Teppich dicker machten, stand Matthias unschuldig dabei und fragte sie über das Leben im Internat aus. Plötzlich wurden sie vom Präses unterbrochen, der sich angeschlichen hatte. ERWISCHT! Er hatte auch sofort die Strafe parat: Die drei sollten mit ihren Händen alle Kippenstummel aufheben und wegschmeißen.

Vielleicht hätte Matthias ja seinen beiden neuen Freunden gern freiwillig dabei geholfen, aber er kam nicht dazu, über diese Entscheidung nachzudenken. Denn sein 14-jähriges Ego war sich ja keiner Schuld bewusst und musste das wenigstens kurz klarstellen. Aber der Präses fiel ihm schneidend ins Wort mit dem Urteil »Mitgefangen, mitgehangen«.

Diesen Spruch hatte Matthias damals noch nie gehört. Sonst wäre dieses Lynchbild in seiner Phantasie vielleicht schon etwas abgenutzt gewesen und hätte ihn weniger erschreckt. So aber hatte er sofort ein Kopfkino von diesem alten Mann, der durchs Internat schleicht und Teenager am Galgen aufhängt, wenn sie zur falschen Zeit am falschen Ort sind. Blick und Tonfall des Präses befeuerten dieses Bild. Matthias stand also vor der Entscheidung:

Option A = Drrt! Keine Widerrede! Einfach gehorchen.

Option B = Erklärung fordern.

Option A darf wohl als eine mögliche Interpretation dessen bezeichnet werden, was im Christentum Demut heißt. Matthias versteht bis heute nicht, inwiefern das eine Tugend sein soll. Damals dachte er sogar, dass Demut das Gegenteil von Mut bedeutet. Aber wir haben nachgeschlagen und gefunden, dass dieses Wort althochdeutsche Wurzeln hat und so viel wie »Dienst«

bedeutet. Was nichts daran ändert, dass es sich nach dem Gegenteil von Mut anhört. Und anfühlt. Jedenfalls dann, wenn es so autoritär eingefordert wird. Matthias entschied sich mutig für Option B und lernte prompt den dystopischen Shitmove kennen: »Wenn ich dich jetzt nicht mitbestrafe, weil du angeblich nicht geraucht hast, behaupten die beiden anderen, auch nicht geraucht zu haben. Und morgen hält sich hier niemand mehr an überhaupt irgendwas.«

Der etwas verstaubte Name für diesen Shitmove lautet Dammbruchargument: »Nehmen wir nur einen kleinen Zweig weg, dann bricht der Damm!«

Und dann stellte Matthias mit der Zeit fest, dass dieser Präses alles Mögliche so »rechtfertigte«. Ein Shitmove ist es deshalb, weil man so natürlich überhaupt nichts rechtfertigen kann. Aber so tut, als ob. Und das auf eine Weise, die es absichtlich schwermacht, noch mal nachzuhaken. Man fühlt sich nämlich leicht penibel, wenn man so ein Scheinargument genauer erklärt haben möchte.

Nun klingt »Dammbruchargument« aber nach Landschaftsarchitektur oder nach einer unsachlich ausgetragenen Meinungsverschiedenheit unter Bibern. Taufen wir diesen Shitmove lieber nach seiner zentralen Absicht, nämlich dem Zeichnen einer unbedingt zu vermeidenden Dystopie: der dystopische Shitmove!

WARUM FUNKTIONIERT DER DYSTOPISCHE SHITMOVE?

Weil er dir unterstellt, dass du die Welt brennen sehen willst. Der dystopische Shitmove kann mit überwältigendem Effekt eingesetzt werden. Ein phantasievolles Ausschmücken der Drohkulisse ist dabei besonders hilfreich. Denn damit bündelt man die Aufmerksamkeit aller Zuhörenden und verpasst ihnen einen Tunnelblick, mit dem es schwer wird, die fehlende Logik noch zu erkennen, geschweige denn zu benennen.

Bei vielen Menschen funktioniert das, und in unserer Evolutionsgeschichte war das auch ein Überlebensvorteil. Wenn wir unsere Aufmerksamkeit einer potenziell tödlichen Gefahr widmen und sie damit frühzeitig abwenden, überleben wir. Logischerweise haben oft diejenigen überlebt und ihre Gene weitergegeben, die eher zu oft als zu selten Gefahren mieden. Deshalb ziehen Unfälle Schaulustige an, und deshalb sind Nachrichten fast ausschließlich negativ. Wir interessieren uns für Eskalation, weil wir damit unsere eigene Haut retten. Im Angesicht der Bedrohung hilft uns der Tunnelblick, weil wir nicht unnötig abgelenkt werden oder über Logik nachdenken, während uns die Giftschlange schon längst beißt.

Deshalb benötigt der dystopische Shitmove dieses Ausschmücken der Drohkulisse. Ohne gelungene Katastrophisierung wird die fehlende Logik vielleicht durchschaut. Hätten Sergej und Ruben denn wirklich behauptet, auch nicht geraucht zu haben? Hätten die drei dann wirklich allen anderen im Internat erzählt, dass man sich an kein einziges Verbot, keine Regel mehr halten muss? Weil Lügen die krasse Universallösung sind, auf die sonst niemand käme? Und die sie dann kollektiv für gut befunden und angewendet hätten? Mit Erfolg?

Selbstverständlich nicht, aber die Drohkulisse der absoluten Anarchie im Internat hat es Matthias in der Situation unmöglich gemacht, überhaupt irgendwelche Rückfragen zu stellen.

Die zweite Kraft dieses Shitmoves besteht darin, dass er eine Falle stellt. Wer drauf reinfällt, spricht plötzlich nicht mehr vom eigenen Standpunkt aus, sondern setzt sich mit einer erfundenen Katastrophe auseinander. Ein Beispiel, das wir vermutlich alle kennen: Als Kinder begründen wir hier und da mal unser fragwürdiges Verhalten durch das der Gruppe: »Die anderen Kinder machen's doch auch.« In diesem Alter lernen wir zentrale Prinzipien der Gruppendynamik kennen und formulieren unseren inneren sozialen Druck auf diese Weise. So was ist zwar auch ein Shitmove (nämlich Nummer 13, der Holy Shitmove), aber eigentlich würden wir den Begriff erst dann verwenden, wenn man als Erwachsener immer noch so argumentiert. Bei Kindern ist dieses Denken Bestandteil einer normalen Entwicklung.

Generell sind übrigens viele Shitmoves daran zu erkennen, dass sie von Kindern ganz selbstverständlich verwendet werden. Denn sie basieren meist auf einer kindlich ichbezogenen Perspektive. Nehmen wir mal die eigene Rolle in einer Gruppe als Beispiel. Wenn die anderen etwas Kurioses tun, kann ich doch nicht einfach nein sagen und mich der Aktion verweigern! Oder doch? Das setzt eine Persönlichkeit voraus, die die meisten von uns so früh noch nicht entwickelt haben. Und genau bei dieser Persönlichkeitsentwicklung versuchen viele Eltern, uns dann mit einem dystopischen Shitmove zu helfen: »Und wenn die anderen alle von der Klippe springen? Springst du dann auch?«

Katastrophe! Wo kämen wir denn da hin?! Nun ist natürlich die Absicht in diesem Kontext nicht, das eigene Kind mit einem Shitmove zu verarschen. Obwohl … das kleine Biest hat doch selber mit dem Team-Shitmove angefangen! – Nein, die eigentliche Absicht ist ja, das Kind mit ein bisschen Nachdruck darauf zu stoßen, dass es lieber früher als später eine starke Persönlichkeit entwickeln sollte, mit der es sich in schwierigen Gruppendynamiken behaupten kann. Dennoch bleibt diese Formulierung ein Shitmove. Und hier wartet dann die Falle: Das Kind antwortet Nein. Es setzt sich mit dieser abstrusen Drohkulisse auseinander, die gar nicht logisch aus der ursprünglichen Prämisse entstanden wäre. Sondern vom Shitmover aufgebaut wurde.

Der dystopische Shitmove kann das Opfer wunderbar auf dramatische Nebenschauplätze locken. Wer besonders geschickt darin ist, die angebliche Katastrophe auch noch mit Triggern zu spicken, die die ganze Debatte plötzlich in ein ganz neues Feld zwingen, schöpft damit das maximale Potenzial des Shitmoves aus. Denn dann setzt sich niemand mehr vernünftig mit der angegriffenen Position auseinander. Von der Position bleibt nur übrig, dass dadurch letztlich die Debatte eskaliert ist. Folglich muss sie mindestens falsch sein, wahrscheinlich sogar gefährlich.

Wer eine Frage wie »Wo kämen wir denn da hin?!« als wirkliche Frage behandeln und beantworten will, hat hoffentlich etwas Kurzes und Schlagfertiges auf Lager. Sonst schnappt die Falle zu, und der dystopische Shitmove funktioniert.

WIR BRAUCHEN EINE LÖSUNG, WO KÄMEN WIR DENN DA SONST HIN?

Begegnen wir der Drohkulisse erst mal mit knallhartem Realismus: Matthias hätte den Präses sicher mit überhaupt keiner Lösung für sich gewinnen können, schon gar nicht mit *Name it and tame it*. Wie hätte das ablaufen sollen?

»Na hören Sie mal, das ist aber ein dystopischer Shitmove, den Sie hier einsetzen!«

»Ach, was du nicht sagst.«

»Doch, doch. Sie verpassen mir einen Tunnelblick durch Ihre

abstruse Drohkulisse, die gar nicht logisch aus Ihrer ursprünglichen Prämisse hervorgeht!«

Vielleicht hätte Matthias dann einen ganz anderen Tunnelblick mit Licht am Ende verpasst bekommen. Mitgefangen, mitgehangen ... Aber der Präses hatte ja auch vor allen drei Jungs seine absolute Macht zu bewahren. Selbst mit der ausgefeiltesten Rhetorik wäre es Matthias wohl unmöglich gewesen, seiner Kippenstrafe irgendwie zu entgehen. In dieser Story hält sich der Schaden aber auch in Grenzen, anders als zum Beispiel in öffentlichen Debatten über Rechte und Verbote.

Wer Freiheiten wie die Ehe für alle erkämpft hat, kennt den dystopischen Shitmove nur zu gut. »Was erlauben wir denn als Nächstes? Die Ehe mit Haustieren?« – Das wäre übrigens eine dieser Gelegenheiten für eine kurze Antwort auf die abstruse Dystopie: »Ja, gute Nachrichten, Sie dürfen bald endlich Ihr Schwein heiraten!« Und auch wer sinnvolle Verbote oder Abschaffungen durchsetzen möchte, begegnet dabei mit Sicherheit dem dystopischen Shitmove, wie viele Arbeitsplätze dadurch gefährdet würden. Wenn die Gefährdung von Arbeitsplätzen allein schon ein Argument gegen den Fortschritt wäre, gäbe es heute noch in Deutschland die Todesstrafe, damit die vielen Henker nicht arbeitslos werden und auf Präses umschulen müssen.

Wenn dir nun aber auf solche Manöver keine schlagfertige Antwort einfällt, ist das einzige Ziel, dich konsequent dem Drama der Drohkulisse zu entziehen. Und unter normalen Umständen hilft dabei durchaus die Regel *Name it and tame it*. Augenhöhe ist die Voraussetzung. Wer von vornherein am unteren Ende in einem Machtgefälle steckt, kann sich gegen Shitmoves nur selten wehren und braucht viel eher einen Fluchtplan. Aber in einer gleichberechtigten Auseinandersetzung kannst du ohne

Probleme sagen: »Das ist jetzt ein dystopischer Shitmove. Reden wir doch lieber über die Realität und gestalten sie zusammen konstruktiv.«

Damit greifst du nicht die Person selbst an, sondern bezeichnest nur die Drohkulisse mit diesem Begriff, den du dann bei Bedarf erläutern kannst. Und das wird deutlich einfacher, als wenn du den lateinischen Begriff *Argumentum ad baculum* erklären müsstest, der zwar dasselbe meint, aber übersetzt in etwa »Argument mit dem Schlagstock« gegen den Fortschritt, also unter Androhung von Gewalt heißt. Falls dir aber dieses direkte Benennen des dystopischen Shitmoves dennoch nicht so zusagen sollte, gibt es noch eine zweite Option, mit der du indirekt kommunizierst, dass dein Gegenüber gerade einen dystopischen Shitmove einsetzt, nämlich das Spiegeln. Das muss nicht immer passiv-aggressiv nach dem Motto »Wie du mir, so ich dir« geschehen. Im Gegenteil, der dystopische Shitmove kann dir durch die Spiegelmethode zusätzlichen Rückenwind für deine Position geben, wenn du sie richtig nutzt. Und zwar so:

Dein Gegenüber baut die Drohkulisse ja darauf auf, was geschehen würde, wenn man dir und deiner Argumentation erst mal folgt. Etwas Schlimmes! Du kannst die Prämisse aber schlau spiegeln und fragen, was denn passieren würde, wenn man dir und deiner Argumentation eben nicht folgt. Besonders in Debatten über Kosten für Maßnahmen in allen möglichen Bereichen kann das eine elegante Reaktion sein.

»Ihr Lösungsansatz ist teuer, das geht nicht. Wo kämen wir denn da hin?«

»Wollen wir denn mal vergleichen, wie teuer es wird, wenn wir das Problem nicht lösen? Sie müssten etwas Günstigeres vorschlagen, sonst ist Ihr Einwand hinfällig.«

Und schon konzentriert sich das Gespräch wieder auf Lösungen statt auf Dystopien. Allerdings ist auch für diese Strategie wieder eine wichtige Voraussetzung, unbeirrt zu bleiben. Denn dein Gegenüber wird die Frage nach dem Vergleich nur ungern beantworten und sich lieber erst mal weitere Attacken gegen deinen Lösungsansatz einfallen lassen. So kannst du es fast als Geschenk betrachten, dass vorher der dystopische Shitmove gegen dich eingesetzt wurde, denn nun kannst du auf jede erdenkliche Attacke gegen deine Lösung immer wieder lässig parieren: »Gut, wir sind uns aber ja bereits einig, dass es teurer wäre, gar keine Lösung zu haben, als meine Lösung. Wie wär's mit Gegenvorschlägen oder Verbesserungen meiner Idee?« Und in jedem Fall ist es ratsam, Humor zu bewahren. Der dystopische Shitmove lässt sich auch liebevoll parodieren, um die Drohkulisse dahinter zu entlarven. Viele Werbungen arbeiten mit der witzigen Übertreibung eines Problems, für das sie dann die Lösung anbieten. Unser Favorit ist eine ältere Kampagne für einen TV-Anbieter, der sich als bessere Alternative für Kabelfernsehen zeigen will. In zig Spots wird immer dasselbe Prinzip durchgezogen: abstruse dystopische Shitmoves. Zum Beispiel, frei übersetzt: »Wenn du Kabel-TV hast und nichts Gutes im Programm findest, bist du deprimiert. Wenn du deprimiert bist, nimmst du an Power-Workshops teil. Wenn du an Power-Workshops teilnimmst, fühlst du dich wie ein Gewinner. Wenn du dich wie ein Gewinner fühlst, gehst du nach Las Vegas. Wenn du nach Las Vegas gehst, verlierst du alles. Und wenn du alles verlierst, verkaufst du deine Haare an einen Perückenmacher. Verkaufe nicht deine Haare an einen Perückenmacher. Kündige deinen Kabelanschluss und komm zu uns.«

Wenn du das nächste Mal einen dystopischen Shitmove von einer eng befreundeten Person aufgetischt bekommst, dann spinne ihre Drohkulissen nach genau diesem Prinzip immer weiter ins Absurde, bis ihr euch zusammen totlacht. So wehrst du dich elegant gegen den Shitmove und gewinnst dabei dein Gegenüber mit Humor. Einen Versuch ist es wert.

KURZFASSUNG
#7 DYSTOPISCHER SHITMOVE – Die Drohkulisse

Ziel des Dystopischen Shitmoves
- Was dein Gegenüber will, ist gefährlich oder katastrophal.

Vorbereitung
- Teste das Fundament, auf dem du deine Dystopie gleich bauen willst: Wie lautet die Prämisse, die du angreifst?

Ausführung
- Werde kreativ mit möglichen negativen Konsequenzen.
- Nichts davon muss logisch aus der gegnerischen Position folgen; Hauptsache, es klingt so.
- Lenke durch Übertreibung von der fehlenden Kausalität ab.

Abschluss
- Ziehe ein starkes Fazit: Ginge es nach deinem Gegenüber, wo kämen wir denn da hin?!

Antwort
- *Name it and tame it*: »Das ist ein dystopischer Shitmove.«
- Spiegeln: Wo kämen wir denn mit dem Gegenteil hin?
- Übertreibe die Dystopie mit einladendem Humor ins Absurde.

#8

ENTWEDER ODER SHITMOVE

�💩

Das falsche Dilemma

Iris: »Wie geht der Entweder-oder-Shitmove?«
Matthias: »Das Wort sagt doch schon alles.«
Iris: »Oder nichts.«
Matthias: »Also, entweder du checkst sofort, was damit gemeint ist, oder du bist offensichtlich denkfaul.«
Iris: »Ah, so geht der.«

Iris ist 15 Jahre alt und steht mit ihrem Bruder Mike auf einem riesigen Parkplatz in Hanau-Wolfgang. Eigentlich wollten die beiden Basketball auf dem US-Kasernengelände spielen, aber heute ist zum ersten Mal das Tor vom großen Zaun um das Gelände geschlossen. Am Wachhäuschen, wo sonst immer nur ein einzelner Soldat postiert ist und niemanden ernsthaft kontrolliert, steht jetzt eine ganze Truppe mit Maschinengewehren. Zum ersten Mal in ihrem Leben sieht Iris echte Waffen, und es macht ihr große Angst. So was kennt sie nur aus Hollywoodfilmen. Szenen, die blutige Action ankündigen, wenn der Bösewicht in seinem Versteck umzingelt wird und sich ergeben soll. Aber wo steckt er, der Bösewicht von Hanau-Wolfgang? Und wer ist es? Das Ganze ist einfach bizarr, in Hanau kann man doch die meisten Konflikte notfalls mit einer Schlägerei klären. Was sollen diese Maschinengewehre plötzlich?

Eigentlich verbinden Iris und ihr großer Bruder mit US-Soldaten bisher nur Positives. Die beiden sind in Hanau aufgewachsen und haben oft ihre Truppenübungen beobachtet. Das war für sie immer ein aufregendes Ereignis, wenn sie beim Spielen am Mainufer den Bau von Pontonbrücken und sogar Hubschrauberlandungen hautnah erleben konnten. Die Soldaten winkten stets freundlich zurück, erklärten, was sie da gerade taten, und waren immer für einen Scherz zu haben. Iris und Mike haben die amerikanische Kultur seit ihrer Geburt inhaliert, sie lieben das jährliche deutsch-amerikanische Freundschaftsfest, die Football- und Baseball-Turniere, die Rollschuhdiscos. Sie lesen amerikanische Bücher, schauen MTV und lachen über Beavis und Butt-Head.

Aber heute, am 20. September 2001, ist jede Liebe und Nähe plötzlich futsch. So futsch, dass Iris sich ernsthaft fragt, ob sie sich die beiderseitigen Freundschaftsgefühle über all die Jahre nur eingebildet hat. Die Soldaten wirken hypernervös und zugleich eiskalt distanziert. Und dann begreift Iris den Grund. An diesem Morgen hat George W. Bush eine Rede an die ganze Welt gehalten:

»Jede Nation in jeder Region hat nun eine Entscheidung zu treffen. Entweder man ist auf unserer Seite, oder man ist auf der Seite der Terroristen. Von diesem Tag an wird jede Nation, die weiterhin Terrorismus beherbergt oder unterstützt, von den Vereinigten Staaten als feindliches Regime angesehen werden.«

Moment, entweder ... WAS?! Oder die beiden sind vielleicht auf der Seite der Terroristen? Okay, Iris trägt eine Chicago-Bulls-Jacke, sie ist also safe! Mike hat kein offensichtliches Erkennungsmerkmal. Ist er verdächtig? Tarnt er sich nur geschickt, oder will er wirklich Basketball spielen? Ist sein bester Freund nur zufällig ein Muslim, oder bestehen da Kontakte zu Osama bin Laden? Iris schaut sich Mike von oben bis unten genau an. Was, wenn ihr großer Bruder sich über die Jahre radikalisiert hat, ohne es selbst zu bemerken?

Fest steht, dass die beiden das amerikanisch besetzte Gelände nicht mehr betreten dürfen. Und von der deutsch-amerikanischen Freundschaft ist auch nichts mehr zu spüren. In den folgenden Wochen versucht Iris, mit Nirvana-Shirts und Garfield-Comics ein »Wir gegen die«-Statement zu setzen und so zu signalisieren, dass von ihr auch in Zukunft keine Bedrohung ausgehen wird. Erst später wird ihr bewusst, dass die Rede von Bush ein einziger Entweder-oder-Shitmove gewesen ist.

WARUM WIRKT DER ENTWEDER-ODER-SHITMOVE SO STARK?

Ähnlich wie der dystopische Shitmove macht er sich ein simples psychologisches Muster zunutze. Wir lieben binäre Entscheidungen, weil sie uns Denkarbeit abnehmen. Dadurch wird alles effizienter und schneller. Aber eben auch manipulierbarer.

Smarte Eltern setzen in der Erziehung auf den Entweder-oder-Shitmove, indem sie ihrem Kind nur zwei Optionen geben, zum Beispiel: »Entweder räumst du jetzt dein Zimmer auf, oder du machst erst mal deine Hausaufgaben.« Über eine längere Phase funktioniert das hervorragend und erspart den Eltern eine Menge Drama. Also die Pubertät lassen wir hierfür aus dem Spiel, denn das ist ja üblicherweise eine Phase, in der die Shitmove-Frequenz bei allen Beteiligten so sehr ansteigt, dass sie unübersichtlich wird. Aber vorher fühlt sich der Entweder-oder-Shitmove für Kinder oft ganz gut an, weil sie glauben, selbst die Entscheidung zu treffen, und deshalb noch keine eigenen Alternativen in die Verhandlung einführen.

Es gibt sicher Ausnahme-Eltern, die uns an dieser Stelle vehement widersprechen möchten, weil ihr Sprössling bereits vor der Geburt zu schlau und eigenwillig für so billige Manipulationsversuche war und schon die Entbindung als limitierte Entscheidung »Rauskommen oder drinbleiben?« skeptisch nach weiteren Optionen abgecheckt hat. Aber für die meisten Menschen gilt nun mal, dass sie sich selbst als Erwachsene noch in allen möglichen Streitfragen liebend gern in Pro- und Contra-Lager aufteilen. Der Entweder-oder-Shitmove setzt seine Scheuklappen absolut nicht nur kleinen Kindern auf.

Es gibt ein paar einfache Faktoren, die den Entscheidungszwang begünstigen, zum Beispiel Zeitdruck. Wir alle kennen diese Interviews, in denen eine »schnelle Runde« von den Befragten verlangt, sich in wenigen Sekunden für vorgegebene Positionen zu entscheiden. Entweder spielt man das Spielchen mit und landet dabei im Pro- oder Contra-Lager, das man sich so vielleicht gar nicht ausgesucht, sondern lieber ein eigenes, konstruktiveres Lager gegründet hätte. Oder aber man outet sich als Spielverderber und beharrt auf komplexeren Antworten, womit man meistens Nörgeln von der Moderation kassiert. Schon die Titel vieler Sendungen sind ja als Entweder-oder-Shitmoves formuliert: »Gentechnik – Fluch oder Segen?«, »Soziale Medien – Freiheit oder Suchtgefahr?«, »Abtreibung – Mord oder Menschenrecht?« und so weiter.

An solchen Beispielen wird sofort ein weiterer begünstigender Faktor sichtbar, nämlich der emotionale Druck. Auch im Streit bietet der Entweder-oder-Shitmove oft so wuchtige Optionen an, dass man durch die Ablehnung des einen Extrems ungewollt ins andere schlittert. »Du gehst mir wohl fremd, sonst würdest du mich dein Handy checken lassen!«

Es gibt einen ganz zentralen Grund für die starke Wirkung des Entweder-oder-Shitmoves. Und wo finden wir den? Natürlich mal wieder in der Werbung! Zielgruppen sollen sich zwischen Marken entscheiden. Ein gutes Beispiel ist der »Cola-Krieg« zwischen Coca-Cola und Pepsi, der besonders in den 1980ern und 1990ern tobte. Mittlerweile gibt es viele etablierte Alternativen – zum Beispiel Wasser. Nein, bleiben wir kurz ernst. Der Cola-Krieg ist existenziell, denn es geht nicht darum, was dir besser schmeckt. Sondern darum, wer du bist.

Das ist es! Der Entweder-oder-Shitmove funktioniert vor allem deshalb so gut, weil deine Identität auf dem Spiel steht. Bist du Apple oder Microsoft? Nur wenigen ist ihre Antwort darauf gleichgültig. Es ist ein Statement über uns als Mensch. Für Iris war ihr Microsoft-Laptop im Kommunikationsdesign-Studium ein Symbol ehrlicher Arbeit. Sie brauchte kein MacBook, um allen zu demonstrieren, dass sie kreativ war. Denn dieses Sendungsbedürfnis unterstellte sie den Mac-Leuten. Microsoft-Leute waren für sie technologieaffiner und kompetenter, wenn auch nerdiger. Der Label-Shitmove lässt mal wieder grüßen.

Apple-Gründer Steve Jobs hat die identitätsstiftende Kraft der Lagerbildung so gründlich ausgenutzt, dass heute von »Apple-Jüngern« die Rede ist, die in tempelähnlichen Stores ihrer Religion nachgehen. Fußballfans können wahrscheinlich noch leidenschaftlicher davon berichten, was das Zugehörigkeitsgefühl zu einer Art Stamm für die Selbstwahrnehmung bedeutet.

Nun hat dieser *Tribes Effect*, wie der Verhandlungsexperte Daniel Shapiro ihn nennt, bei Dingen wie Markentreue oder Sportclubs in der Regel keine allzu schwerwiegenden Folgen. Aber da hast du ja auch selbst in der Hand, ob du überhaupt Fan von irgendwas sein möchtest. Der Entweder-oder-Shitmove in Auseinandersetzungen will dich aber zu einer Entscheidung zwingen und dadurch letztlich instrumentalisieren. Entweder, indem du tust, was der Shitmover von dir verlangt, wie wir an den Beispielen aus Erziehung und Beziehungen sehen können. Oder aber, indem du einem von zwei verfeindeten Lagern beitrittst. »Teilst du unsere Werte oder bist du das Böse?« Länder wie die USA, in denen es wirklich nur zwei große Optionen gibt, leiden besonders unter diesem Problem. Aber überall spaltet der Entweder-oder-Shitmove die Welt in Kriegsparteien, die dann leider nichts mehr zusammen geschissen bekommen.

Ein Experiment von Daniel Shapiro zeigt, dass durch den Entweder-oder-Shitmove sogar die Welt untergehen kann. Beim Weltwirtschaftsforum in Davos teilte er ein Publikum aus knapp 50 Leuten – übrigens alles reflektierte Menschen mit großer Verantwortung – in sechs verschiedene Lager ein und gab ihnen etwas Zeit, sich in ihren Grüppchen entsprechend darauf einzuschwören. Sie entschieden sich für jeweils eigene Erkennungsmerkmale, Werte und Prinzipien. Dann saßen also sechs visuell und energetisch unterscheidbare Stammesgruppen im Raum und bekamen ihre Aufgabe:

Daniel Shapiro schaltete das Licht im Raum aus und ließ ein Alien im Kostüm auftreten, das die Vernichtung der Welt ankündigte. Mit einer Chance auf Rettung: »Entweder ihr sechs Stämme schafft es, euch auf den einen Stamm zu einigen, dem sich alle anderen anschließen, oder ich vernichte euren Planeten!« In den drei erlaubten Verhandlungsrunden erreichten die sechs Stämme eine einzige Fusion zwischen zwei Gruppen. Das Ziel wurde verfehlt und die Welt ausgelöscht. Und das alles nur im Spiel! Dieses Experiment hat Daniel Shapiro Dutzende Male an vielen Orten wiederholt, immer mit demselben Ergebnis.

ENTWEDER WIR WEHREN UNS, ODER DIE WELT GEHT UNTER

Aber wie wehren wir uns? – Wir träumen gerade davon, das Weltuntergangsexperiment in einem Raum voller Menschen durchzuführen, die alle dieses Buch gelesen haben. Vielleicht würden dabei Lösungsansätze entstehen, die sogar für ein größeres Kollektiv funktionieren. Aber auch die Leute in Daniel Shapiros Experimenten waren ja smart genug, um genau zu wissen, was das Ziel des Spiels war, und sind dennoch gescheitert.

Also fangen wir kleiner an. Wie kannst du dich allein dagegen wehren, wenn jemand den Entweder-oder-Shitmove an dir ausprobiert? – Mit Fragen! Wie man das eigentlich vor jeder anderen Entscheidung auch macht. Lass dein Gegenüber zunächst die vorgegebenen Optionen noch einmal in Ruhe wiederholen. Was genau steht zur Auswahl? Allein die ruhige Wiederholung kann bereits den Druck hinter dem Entscheidungszwang entschärfen. Und ganz nebenbei ist deine Frage eine elegante Anwendung des Prinzips *Name it and tame it*, ohne dem Gegenüber gleich einen Shitmove vorzuwerfen.

Vielleicht ist die andere Person nämlich selbst entweder in dem einen oder in dem anderen Lager festgefahren, und dann geht's auch um ihre Identität. Es muss aber nicht um deine gehen, solange du noch ehrliche Fragen zur Ansicht der anderen Person hast. Wenn du direkt konfrontativ aussprichst: »Hör zu, das ist ein Entweder-oder-Shitmove, und da lass ich mich nicht reinziehen!«, hast du vielleicht erfolgreich deine Grenzen verteidigt, aber die in ihrem Wertesystem angegriffene Person nicht für dich gewonnen. Außerdem kann sich der Entweder-oder-Shitmover bei so einer direkten Konfrontation auch ganz einfach unwissend stellen: »Was denn für ein Shitmove? Ich sehe wirklich nur diese beiden Optionen. Wenn du weitere finden willst, mach halt. Aber unterstell mir doch nichts, du bist doch selber ein Shitmover!« Deshalb bleib lieber bei ehrlichen Fragen.

Wenn du dir die Optionen ruhig angehört und vielleicht Rückfragen dazu gestellt hast, kannst du zur wichtigsten Frage übergehen: Gibt es vielleicht noch andere Optionen, die ihr gemeinsam entwickeln könnt? Mit etwas Fingerspitzengefühl kannst du an dieser Stelle den Entweder-oder-Shitmove dann humorvoll zurückspielen: »Entweder du und ich suchen jetzt gemeinsam nach alternativen Optionen, oder du willst das gar nicht, weil du Bock auf Spaltung hast.«

Es kann passieren, dass deine Fragen zunächst ein paar weitere Shitmoves provozieren. Vor allem Unterstellungen, dass du nur Zeit schinden willst oder dich blöd stellst, die Entscheidung sei doch ganz einfach. Bleib dann unbeirrt bei deinen Fragen, selbst solche Druckmittel kannst du wiederum hinterfragen: »Zeit schinden? Musst du los? Willst du denn nicht, dass ich deinen Entscheidungszwang erst mal besser verstehe? Du findest die Entscheidung ganz einfach? Aber interessiert dich dann überhaupt meine Antwort? Oder hast du dein Urteil schon ohne mich gefällt?«

Im besten Fall gelingt am Ende wirklich eine Kooperation. Ein gemeinsames Ablegen der Scheuklappen des Entweder-oder-Shitmoves und eine Suche nach alternativen Optionen. Das wäre ein echtes Gewinnen der anderen Person!

KURZFASSUNG
#8 ENTWEDER-ODER-SHITMOVE – Das falsche Dilemma

Ziel des Entweder-oder-Shitmoves
- Du willst dein Gegenüber im Spielraum einschränken und zu einer Entscheidung zwingen, die dir in die Karten spielt.

Vorbereitung
- Was genau ist es, das dein Gegenüber tun oder sagen soll?
- Und was, wenn nicht? Überleg dir ein Druckmittel.

Ausführung
- Konfrontiere dein Gegenüber knallhart mit der Erpressung.
- Es gibt nur zwei Optionen: entweder diejenige, die du für richtig hältst – oder eine offensichtlich schlimmere!

Abschluss
- Wenn der Shitmove funktioniert, hast du dein Opfer da, wo du es haben willst: Es handelt oder denkt in deinem Sinne.
- Wenn nicht, ist dein Gegenüber offensichtlich das Böse.

Antwort
- Stelle Fragen: Was genau sind die Optionen?
- Du willst den Entscheidungszwang erst mal genau verstehen.
- Können gemeinsam bessere Alternativen gefunden werden?

#9

SELEKTIVER SHITMOVE

💩

Das Hütchenspiel

Iris:	»Du bringst übrigens häufiger Shitmoves als ich.«
Matthias:	»Wie kommst du zu der Behauptung?«
Iris:	»Ich hab gezählt, du führst.«
Matthias:	»Wie, wo hast du das gezählt?«
Iris:	»Na hier im Buch! Check doch selbst.«
Matthias:	»Damit kommt ein weiterer auf dein Konto. Das ist der selektive Shitmove!«

Hast du schon mal einen Hund verarscht? Neugierig? Keine Sorge, er wird es lieben, denn er bekommt bei dem Experiment etwas zu fressen. Und du kannst den selektiven Shitmove austesten, ohne dabei irgendwen zu verärgern. Alles was du brauchst, sind zwei Becher und ein Leckerli-Vorrat für den Hund. Und einen Hund. Auf geht's, wir spielen das berühmte Hütchenspiel:

Der Hund hockt dir gegenüber, und zwischen euch stehen die zwei umgestülpten Becher. Zeig ihm, dass unter einem der Becher ein Leckerli liegt, und spätestens jetzt hast du seine volle Aufmerksamkeit. Dann schiebst du die beiden Becher kurz hin und her. Mach's nicht zu kompliziert, es geht nicht darum, den Hund zu verwirren. Die eigentliche Verarschung kommt erst gleich, nachdem er mit seiner Pfote oder Schnauze auf den Becher mit dem Leckerli gedeutet hat und es zur Belohnung fressen darf. Jetzt hebst du den anderen Becher hoch und zeigst ihm, dass darunter von Anfang an zehn Leckerli lagen. Beobachte jedes Detail seiner Reaktion. Das Tier zeigt dir ganz pur, wie es sich anfühlt, Opfer eines selektiven Shitmoves zu sein.

Gut, vielleicht klappt's nicht auf Anhieb so wie in den Onlinevideos, die wir von diesem »Cup Prank« gesehen haben, in denen Hunde dann mit fast menschlich wirkender Entrüstung innehalten, teilweise sogar ihr einzelnes Leckerli beleidigt ausspucken und sich für den anderen Becher entscheiden. Es ist egal, wenn du das Experiment nicht nachstellen kannst. Zum Verständnis des Spiels reicht uns das Kopfkino erst mal völlig aus. Jetzt drängt sich nämlich die Frage auf, wie sich so eine Verarschung als Shitmove anwenden lassen soll. Menschen kann man ja wohl nicht so leicht austricksen wie Hunde. Oder doch?

Na ja, der amerikanische Skandalsender *Fox News* geht offenbar sehr wohl davon aus. Von der gewalttätigen Stürmung des

US-Kapitols am 6. Januar 2021, bei der mehrere Menschen ums Leben kamen, gibt es ja unzählige Videobeweise. Unter anderem über 40 000 Stunden Material der Überwachungskameras im ganzen Gebäude, die *Fox News* zur Auswertung anvertraut wurden. Und was tat der Sender? Er schnappte sich quasi zwei Becher und zeigte der Welt nur, was unter einem der beiden war. Alles andere blieb unter dem anderen Becher versteckt. Und die ausgewählten Szenen zeigten eine Handvoll der harmlosesten Momente, die man dann als überwiegend friedliches Chaos bezeichnete, um daraus fälschlich zu schließen, dass der Aufstand ganz ohne Gewalt abgelaufen sei. Eigentlich wäre es gar kein Aufstand gewesen, sondern eine Besichtigungstour friedfertiger Touristen.

Ein Zitat, das der Philosophin Simone de Beauvoir zugeschrieben wird, lautet: »Die hinterhältigste Lüge ist die Auslassung.« – Wir sind uns zwar nicht sicher, ob auch der hinterhältigste Shitmove der selektive ist, weil es so viele hinterhältige gibt, aber er ist ein starker Kandidat. Denn ein Teil von uns Menschen lässt sich nicht nur so leicht austricksen wie Hunde, sondern sogar noch viel leichter. Ein Hund, dem man zu Beginn des Spiels beide Becher zeigt, wählt den mit den meisten Leckerlis aus. Aber wenn *Fox News* diesen Trick abzieht, obwohl die ganze Welt den Inhalt beider Becher längst gesehen hat, fallen trotzdem noch Millionen drauf rein. Der selektive Shitmove beweist jede, aber wirklich jede beliebige Behauptung zum Schein, indem er alles vertuscht, was die Behauptung widerlegen könnte, und nur ein paar selektive Infos gelten lässt und ausdrücklich betont.

MACHT DER SELEKTIVE SHITMOVE UNS ALSO ZU HUNDEN?

Ganz abwegig ist dieses Bild tatsächlich nicht, denn so stark wie die meisten Hunde auf Leckerli fixiert sind, so stark sind viele Menschen auf die Bestätigung ihrer Ansichten fixiert. Weil Ansichten so identitätsstiftend sein können, dass wir selbst die vernünftigsten Einwände gar nicht erst wahrnehmen wollen. Wir blenden sie lieber aus und konzentrieren uns selektiv auf alles, was uns recht gibt. In der Psychologie wird dieses Verhalten Bestätigungsfehler genannt, und jeder Mensch auf der Welt begeht ihn hin und wieder. Wer sich jetzt für eine Ausnahme hält, liefert aus Versehen ein perfektes Beispiel.

Gut, nun ist dieser Fehler an sich noch kein Shitmove, sondern eine Art blinder Fleck, eine Schwäche. Aber wenn du den Fehler in deinem Argument absichtlich begehst und damit den blinden Fleck bei deinem Gegenüber ganz bewusst erzeugst und ausnutzt, wird daraus ein Shitmove. Im privaten Streit erkennst du den selektiven Shitmove meist an Vorwürfen, die mit den Worten »immer« oder »nie« formuliert werden. »Du denkst immer nur an dich selbst«, »Nie merkst du dir, was ich gesagt habe«, »Du kommst jedes Mal zu spät, wenn wir uns verabreden« – die Liste der typischen Beispiele kennen wir alle. Hinter solchen Vorwürfen steckt immer selektive Wahrnehmung.

Immer? Na ja, vielleicht bist du ja wirklich ausnahmslos immer zu spät, das kannst du nur selbst wissen. Wenn du dich aber gegen den Vorwurf wehrst, indem du ein paar Gegenbeispiele raussuchst, kann das wiederum zu einem selektiven Shitmove werden. Dann steht Behauptung gegen Behauptung, und niemand wird den Streit gewinnen, das steht von vornherein fest.

Man könnte meinen, dass es bei weniger subjektiven Fragen

anders abläuft. Aber nicht wirklich. Denkst du zum Beispiel, dass die Erde eine Scheibe ist? Nein? Dann schau mal unter diesen Becher, da haben wir drei Beweis-Leckerlis für dich: Erstens, kannst du eine Krümmung sehen? Wir auch nicht. Zweitens, warst du schon mal im Weltall und konntest die offizielle Story selbst überprüfen? Wir auch nicht. Und drittens, leg doch einfach mal eine Wasserwaage auf den Boden. Perfekte Ebene. Offensichtlicher geht's ja wohl nicht!

Wir vertrauen fest darauf, dass der letzte Absatz keine epistemische Unsicherheit in dir ausgelöst hat. Denn wer eine annähernd stabile Bildung genossen hat, riecht sofort den selektiven Shitmove, wenn eine »wissenschaftliche« Argumentation ausschließlich subjektive Eindrücke gelten lassen will. Aber es gibt eine beachtliche und offenbar wachsende Zahl von Menschen auf dem gesamten Erdball, die dem zweiten Becher misstraut, als wären die vielen Leckerlis darunter vergiftet. Es kann völlig egal sein, wie die gesamte Faktenlage aussieht, der selektive Shitmove macht aus jedem beliebigen Thema eine Kontroverse, in der scheinbar Behauptung gegen Behauptung steht und die niemand gewinnen wird. Wir können, nein, wir müssen damit leben, dass es offenbar keine einzige Feststellung gibt, die von allen Menschen für korrekt befunden wird. Noch nicht einmal diese Feststellung. Irgendwer wird immer mit dem selektiven Shitmove dagegenhalten.

Das wäre kein Problem, solange diese Leute mit ihrem blinden Fleck nur Konsequenzen für sich selbst erzeugen würden. Ist aber leider nicht so. Es gibt etliche Ansichten, die aus selektiven Shitmoves resultieren und eine Menge unangenehmer Konsequenzen für andere Menschen bedeuten. Garantiert fallen dir sofort Beispiele ein, vielleicht politischer Natur, aber es fängt ja schon mit Sätzen an wie »Ich wurde als Kind geschlagen, und es hat mir nicht geschadet«. Und obendrein gesellt sich noch ein zweites kollektives Problem hinzu:

Über Jahrtausende hatte der selektive Shitmove es vor allem deshalb leicht, aus Menschen Hunde zu machen, weil es schlicht zu wenige Informationen oder Gegenbeweise gab. Man konnte jedes noch so abstruse Weltbild mit sparsam ausgewählten Realitätssplittern glaubwürdig aussehen lassen. Wer hätte zum Beispiel Hexenverfolgungen durch Faktenchecks aufhalten sollen? Wer hat sich selbst noch im 20. Jahrhundert getraut, verbotene Bücher zu lesen und sie gegen den besonders eindrücklichen selektiven Shitmove der öffentlichen Bücherverbrennung zu verteidigen? Dann kam das Internet, und auf einen Schlag wurden aus zu wenigen Informationen zu viele. Also vor allem zu viele Mis- und Desinformationen, so dass wir heute auf Selektion angewiesen sind, denn wir können fast nie alles zu einem Thema erfassen und auf Widersprüche und Glaubwürdigkeit hin prüfen. Dadurch hat es der selektive Shitmove schon wieder, oder immer noch, leicht mit uns. Wir zweifeln sogar daran, ob es einen kurzen guten Augenblick im Übergang vom Informationsmangel zum Informationsüberfluss gab.

Jedenfalls folgt daraus: Nicht jeder selektive Shitmove will uns so offensichtlichen Quatsch wie eine flache Erde oder die Vorzüge von Schlägen in der Erziehung verkaufen. Wenn du zum Beispiel hörst, dass laut einer Studie der Kontakt mit möglichst vielen Keimen in der frühen Kindheit die Anfälligkeit für Asthma und Allergien reduziert, glaubst du es dann? Ist es egal, um welche Keime und welche Allergien es geht? War es wirklich nur eine einzige Studie? Lässt du dein Kind nun im Dreck spielen oder lieber nicht? Es gibt Grauzonenbehauptungen, die dann eben doch epistemische Unsicherheit in uns erzeugen. Und einige wenige scheinbare Belege können viel Wirkung haben.

SIND WIR ALSO WEHRLOS GEGEN DEN SELEKTIVEN SHITMOVE?

Nur wenn wir ihn gar nicht erst bemerken, weil er zu geschickt präsentiert wird. Die Frage ist also, woran wir ihn grundsätzlich erkennen können. Und die Antwort lautet: am pauschalen Vorwurf, der aus den selektiven Informationen folgt. Matthias lässt zum Beispiel nicht immer das Küchenmesser mit gefährlich über die Tischkante ragender Klinge liegen, das wäre ein pauschaler Vorwurf. Er tut es nur unerhört oft. Und Iris muss sich nicht pauschal vorwerfen lassen, dass sie nie ihre Karottenschalen selber wegschmeißt, sie tut es einfach erstaunlich selten.

Diesen Tipp haben wir als Kommentar auf TikTok erhalten, als wir mit den ersten Comedy-Videos zum Thema Streit in Beziehungen gestartet haben. Also geben wir ihn gern weiter. Der Austausch der Worte »immer« und »nie« gegen »unerhört oft« und »erstaunlich selten« hat den großen Vorteil, dass in der Kritik immer noch Raum für Humor und Kommunikation auf Augenhöhe bleibt. Und es funktioniert! Wenn auch bloß bei Vorwürfen, dieses Prinzip ist nicht übertragbar auf überlebenswichtige Regeln. Nicht dass du dich jetzt nur noch unerhört oft beim Autofahren anschnallst und dabei erstaunlich selten sturzbetrunken bist. Aber in zwischenmenschlichen Beziehungen können solche Kleinigkeiten tatsächlich dabei helfen, sich gegenseitig zu gewinnen, weil wir durch unsere Formulierungen kommunizieren, dass wir einander nicht pauschal verurteilen und auf selektive Shitmoves verzichten.

Wie sieht's aber in politischen und wissenschaftlichen Debatten aus? Müssen wir jetzt überall, wo über objektive Wahrheit diskutiert wird, den selektiven Shitmove unterstellen? Nein, das wäre zu pauschal. Ein gutes Selektionskriterium ist der Tonfall: Wird diskutiert oder gezankt? Hören die Menschen einander zu und wägen ihre jeweiligen Ansichten gegeneinander ab? Oder blenden sie jeden Einwand vehement aus? Bleiben beide Seiten offen dafür, dass ihre selektive Wahrnehmung unvollständig oder falsch sein könnte? Oder kann ein Irrtum nur auf einer der beiden Seiten vorliegen? Aber hilft uns allein diese Unterscheidung wirklich in jeder Situation?

Leider nicht. Manchmal liegt eine Seite nun mal objektiv falsch, die Sonne dreht sich nachweislich nicht um die Erde, und Finnland existiert definitiv! Die Frage, wie wir am besten damit umgehen, wenn jemand mit dem selektiven Shitmove auf Unwahrheiten beharren will, ist noch immer offen. In einer Folge der Serie *Friends* finden wir die Antwort: Ross ist Paläontologe und verzweifelt an Phoebe, weil sie die Evolutionstheorie mit selektiven Shitmoves ablehnt. Über die gesamte Folge hinweg liefert Ross ihr immer wieder Beweise, er zeigt ihr alles, was unter dem Becher mit den meisten Leckerlis steckt. Aber schließlich fragt Phoebe ihn, ob er denn wirklich so arrogant sei, dass er nicht einen winzigen Zweifel an seiner Position zulassen könne, die Wissenschaft habe doch schon so viele vermeintlich endgültige Wahrheiten revidiert. Gebe es nicht die winzige Chance, dass er falschliegen könnte? Das ist die Krönung all ihrer selektiven Shitmoves: Sie verschiebt den Fokus auf den anderen Becher, unter dem nur ein einzelnes Leckerli namens »unwahrscheinlicher Irrtum« liegt. Und er fällt drauf rein.

Falls du diese Szene nie gesehen oder wieder vergessen hast, was glaubst du: Was bedeutet Reinfallen in dieser Situation? Gibt er es zu? Das wäre doch die ehrliche Antwort, weil Wissenschaft sich nicht mit der endgültigen Wahrheit, sondern nur mit unserem Wissen über die Wahrheit beschäftigt und deshalb immer offen für neue Erkenntnisse und somit auch für Korrekturen bleiben muss, oder? Gibt er es nicht zu? Das könnte man doch auch irgendwie nachvollziehen, weil er so offensichtlich über mehr und komplexeres Wissen als Phoebe verfügt? Wie würdest du auf diese Frage antworten? Wie antworten wir im Informationszeitalter auf ähnliche Vorwürfe, dass die »offiziellen Wahrheiten« nur gleichgeschalteter und arroganter Mainstream seien, in dem kein Raum für vermeintliche Gegenbeweise gelassen werde?

Die Auflösung ist, dass beide Antworten falsch sind. Denn Phoebes Frage ist einer dieser geschickt präsentierten selektiven Shitmoves, die dazu geeignet sind, epistemische Unsicherheit in uns auszulösen. Ross räumt die klitzekleine Chance ein, dass er falschliegen könnte. Und sie triumphiert daraufhin nicht nur, sondern sagt ihm obendrein, dass sie ihn bis vorhin wenigstens noch respektiert hat, auch wenn sie ihm nicht zustimmt. Jetzt nicht mehr. Denn wenn er ihren Becher mit dem einzelnen Leckerli wählt, obwohl er doch angeblich genau weiß, dass unter dem anderen Becher zehn Leckerlis liegen, wird Ross in ihren Augen zum Hund. Aber im anderen Fall, wenn er es nicht zugegeben hätte, hätte sie genauso triumphiert, weil er damit ihren Vorwurf der Arroganz bestätigt hätte.

Beide Antworten wären also falsch. Aber wir haben ja eine Erkenntnis aus der *Friends*-Episode angekündigt. Hier kommt sie: Wir sitzen nur dann in der Falle, wenn wir ganz alleine drinsitzen und uns rechtfertigen sollen. Während unser Gegenüber uns in die Falle locken durfte und jetzt genüsslich das Hütchenspiel mit uns spielt. In einem Gespräch gehören alle Beteiligten in diese Falle. Alle müssen gemeinsam unter alle Becher schauen und ehrlich beurteilen, unter welchem mehr Leckerlis liegen. Sobald nur eine Seite alleine auswählt, womit die andere Seite konfrontiert wird, haben wir es mit einem selektiven Shitmove zu tun. Um es konkreter zu machen, erfinden wir eine nachträgliche Drehbuchänderung für *Friends*, die sich allgemein als Antwort auf einen selektiven Shitmove anwenden lässt und dabei idealerweise das Gegenüber auch noch gewinnt:

Phoebe: »Sagst du mir gerade etwa, dass du so unglaublich arrogant bist, die winzig kleine Chance nicht einmal in Betracht zu ziehen, dass du dich hier irren könntest?«

Ross: »Endlich! Danke, Phoebe, mit dieser Frage hast du unsere Diskussion auf ein besseres Level gebracht, jetzt reden wir nicht mehr darüber, was die absolute Wahrheit ist, sondern was wir für wahrscheinlicher halten. Und du gehst schon den ersten Schritt auf mich zu, denn wenn du mich fragst, ob ich mich irren könnte, musst du ja für dich schon in Betracht gezogen haben, dass auch du dich irren könntest. Sonst hättest du dich ja gerade selbst arrogant genannt. Wir sind Freunde! Keiner von uns ist arrogant, wir könnten uns beide irren. Schauen wir uns also gemeinsam alles an, was wirklich für und gegen die These spricht, statt uns gegenseitig nur von unseren Ansichten überzeugen zu wollen.«

Falls die Szene durch diese Antwort nicht mehr nach *Friends* klingt, spielen wir einfach hier und da eine Lachkonserve ein, und schon passt es wieder. Die Sitcom macht's möglich. Und für reale Situationen hat so eine Reaktion ernsthaftes Potenzial. Wenn diese Art der Einladung konsequent durchgezogen wird, hat sie sogar eine Chance gegen die sogenannte *False Balance*, die auch eine Form des selektiven Shitmoves ist. Allzu oft debattieren zum Beispiel in Talkshows zwei Seiten über ihre einander widersprechenden Ansichten, und es wirkt, als wären die Standpunkte halbwegs ausgeglichen in ihrer Berechtigung und Anhängerschaft. Selbst wenn das Gegenteil der Fall ist.

Wenn du in so einer Debatte steckst, egal ob privat oder öffentlich, und genau weißt, dass die Beweislage klar für deine Position spricht, dann lass dich nicht durch selektive Shitmoves zur Rechtfertigung zwingen oder zu Attacken gegen die Sturheit der anderen Seite hinreißen. Wenn du dein Gegenüber immer wieder aufrichtig und gelassen einlädst, gemeinsam die gesamte Faktenlage anzuschauen, dann verschwindet der Eindruck, dass ihr zwei vergleichbar vernünftige Ansichten vertretet.

KURZFASSUNG
#9 SELEKTIVER SHITMOVE – Das Hütchenspiel

Ziel des Selektiven Shitmoves
- Du zwingst dein Gegenüber in die Defensive und bestimmst allein die Punkte, über die ihr streitet.

Vorbereitung
- Du brauchst Munition: Lege dir ausgewählte »Belege« zurecht, die scheinbar für deine Behauptung sprechen.

Ausführung
- Schließe aus deinen ausgewählten »Belegen« aufs Ganze und mach daraus pauschale Vorwürfe.
- Blende alles aus, was gegen dich spricht.

Abschluss
- Lass die andere Person nicht aus der Falle entkommen: Sie muss sich immer weiter rechtfertigen, du kannst immer weiter zweifeln und über ihre Antworten urteilen.

Antwort
- Vermeide selbst pauschale Vorwürfe und fordere das im Gegenzug für dich ein.
- Fordere charmant, aber konsequent gleiches Recht für alle: Niemand bestimmt allein, welche »Belege« diskutiert werden.

#10

STORYTIME SHITMOVE

💩

Die Anekdote

Matthias: »Der Storytime-Shitmove wird mit Abstand am häufigsten eingesetzt.«
Iris: »Du meinst generell?«
Matthias: »Ja, ich hab keinen anderen so oft gehört wie den.«
Iris: »Also du behauptest das nur, weil du ihn so oft erlebt hast?«
Matthias: »Nicht nur ich! Die Cousine meines Schwagers erzählt das Gleiche.«
Iris: »Ja, ich hab den Storytime-Shitmove auch schon erlebt.«
Matthias: »Erzähl!«
Iris: »Das war vor drei Sekunden.«

Kommen wir zu einer ganz besonderen Form der selektiven Argumentation. So besonders, dass sie einen eigenen Namen verdient, weil sie zwei charakteristische Eigenschaften hat, die sofort den Storytime-Shitmove verraten. Das erste besondere Kennzeichen ist, wie der Name schon sagt, die Form der Erzählung, der Anekdote. Zunehmend wird diese Taktik auch in öffentlichen Debatten entlarvt und als »anekdotische Beweisführung« bezeichnet. Aber bei weitem nicht immer, denn eine spannende oder wenigstens interessante Erzählung hat die Kraft, die gesamte Aufmerksamkeit und Empathie aller Beteiligten auf sich zu lenken. Und wenn du sie glaubst, kann sie dein komplettes Weltbild verändern. Matthias kann Lieder davon singen – oder eben Geschichten erzählen. Denn er war mal vorübergehend esoterisch unterwegs, mit ein paar wunderlichen Auswüchsen wie zum Beispiel Heilsteinen oder Pendeln, und das alles wegen eines Storytime-Shitmoves. Okay, du willst die Story hören, stimmt's?

Es ist 2006, und Matthias tritt gerade sein Schauspielstudium in München an. Neue Stadt, neue Menschen, neue Weltanschauungen. Die Klasse in der Schauspielschule ist viel kleiner als die im Internat damals. Nur zehn Leute verbringen hier täglich mehrere Stunden miteinander, und zwar nicht sitzend, zuhörend und schreibend, sondern heute spielt es zum ersten Mal in Matthias' Leben eine Rolle, dass sein Körper aus mehr als seiner linken Gehirnhälfte besteht. Klar, es gab in der Schule auch Sportunterricht, aber der hatte nicht mal in Ansätzen etwas damit zu tun, was jetzt in der Schauspielschule passiert. Hier wird plötzlich bewusst geatmet, es wird geschrien, getrampelt, gezappelt, berührt, massiert, und vor allem wird sehr viel gespürt. Man kann ja keine Rolle auf der Bühne spielen, wenn man den eigenen Körper nicht intensiv studiert hat und dann vor lauter Nervosität vergisst, wie authentisches Gehen und Stehen funktioniert.

Dass also dieses absolute Neuland, in dem die Erforschung von Sinnen und Emotionen so zentral und unumgänglich ist, einen guten Nährboden für spirituelle Ideen hergibt, liegt wohl auf der Hand. Aber da ist dieser eine Dozent, nennen wir ihn Beatus, der einen Schritt weiter geht. Durch Beatus hört Matthias zum ersten Mal von New Age, lernt Übungen wie die dynamische Meditation von Gurus wie Osho kennen und wird konstant darin bestärkt, aufgeschlossen gegenüber den unerklärlichen Dingen zwischen Himmel und Erde zu sein. Und eines schönen Tages macht Beatus aus Matthias' Aufgeschlossenheit echte Überzeugung, als sie sich in einer Pause zu zweit draußen in der Nachmittagssonne unterhalten:

»Weißt du, Matthias, als ich in deinem Alter war, hab ich von diesem ganzen Esoterik-Quark absolut nichts gehalten. Ich fand das alles einfach nur peinlich und albern. Bis ich mal mit meiner damaligen Freundin durch Nepal und Indien gereist bin. Ich war damals 23, und wir kamen durch einen winzigen Ort namens Jhulnipur, direkt an der Grenze zwischen den beiden Ländern. Da saß auf einer Brücke eine alte Frau und verkaufte sauberes Trinkwasser. Wir hatten Durst, meine Freundin konnte ein bisschen Hindi und sprach sie also an. Aber die alte Frau konnte ganz gut verständliches Englisch und wollte mit uns reden. Ich war müde und wollte lieber weiter, aber, Matthias, ich werd das nie vergessen, wie sie mir plötzlich in die Augen schaute.« Hier demonstriert Beatus diesen unvergesslich eindringlichen Blick an Matthias.

»Ich kann dir das nicht mal beschreiben, für mich wurde plötzlich alles ganz still, als würde die Welt anhalten. Die alte Frau hat mir direkt in die Seele geschaut, ich hab das genau gespürt. Und dann hat sie mir drei Sätze gesagt. Über meine Vergangenheit, meine Gegenwart und meine Zukunft. Nichts davon konnte sie wissen, wir waren uns ja gerade erst begegnet. Aber sie wusste, dass ich eigentlich eine Zwillingsschwester hatte, die bei der Geburt gestorben ist. Sie wusste, dass ich mich vor der Reise so schlimm mit meinem Vater gestritten hatte, dass ich keinen Kontakt mehr zu ihm haben wollte, und dass mich das gerade auch während der Reise jeden Tag quälte. Und sie sagte mir, dass ich meine Reise abbrechen und zurück nach Hause müsste, wenn ich mich mit meinem Vater noch versöhnen wollte, weil es sonst bald zu spät sein würde. Matthias, das stimmte alles! Mein Vater ist zwei Wochen später bei einem Autounfall ums Leben gekommen, und ich bin bis heute froh, dass ich auf diese alte Frau gehört habe, weil ich irgendwie gespürt habe, dass sie die Wahrheit sagte!«

Unglaublich, oder? Matthias hängt an Beatus' Lippen und betrachtet die Welt ab sofort mit neuen Augen. Im Verlauf weniger Monate gibt es für ihn keine Materie mehr, sondern nur noch Schwingungen. Alles ist miteinander verbunden, und Krankheit und Leid sind nur energetische Blockaden. Und dann kommen die ersten Utensilien ins Spiel, insbesondere Steine. Alles wegen einer spannenden Geschichte …

ABER WAS MACHT DIE GESCHICHTE ZUM STORYTIME-SHITMOVE?

Die Tatsache, dass wir nichts davon überprüfen können. Das ist das zweite Charakteristikum des Storytime-Shitmoves neben der packenden Dramaturgie. Wir sollen von etwas überzeugt werden, wovon wir nie wissen können, ob es sich wirklich so zugetragen hat. In diesem Punkt unterscheidet sich der Storytime-Shitmove auf einzigartige Weise vom selektiven Shitmove, der ja ansonsten große Ähnlichkeiten hat. Beide nutzen begrenzte Ausschnitte der Realität als Grundlage für eine Argumentation. Aber der Storytime-Shitmove entzieht sich jeglicher Kontrolle über seinen Wahrheitsgehalt. Und das Problem daran ist nicht nur, dass unser Gedächtnis verdammt unzuverlässig ist, sondern dass die Story ja auch bewusst gelogen sein könnte.

Um diesen Aspekt mit Nachdruck zu untermauern, lösen wir jetzt mal auf: Die Geschichte stimmt nicht. Es gab keinen Beatus, und Matthias hat sich noch nie Heilsteine, Pendel oder sonst irgendwelche esoterischen Produkte gekauft. Einige Aspekte der Geschichte treffen zwar grob auf einen früheren Freund zu, der ihn mit manchen seiner Ansichten vorübergehend ein wenig angesteckt hat, aber der Kern der Story, die wir dir aufgetischt haben, ist frei erfunden. Wir hoffen, dass du uns das nachsiehst, denn es dient ausschließlich der Demonstration des Storytime-Shitmoves auf der Metaebene, und jede andere persönliche Erfahrung, die wir beschreiben, ist wirklich passiert. Ehrenwort!

Wir haben aber doch alle schon mal ähnliche Storys erlebt oder von anderen erzählt bekommen. Und vielleicht stimmen die Geschichten dann auch, aber woher sollen wir das wissen? Wenn eine Erzählung der einzige Beweis für eine Behauptung ist, kann es schnell gefährlich werden. Denn es gibt ja Leute, die aus der Leichtgläubigkeit anderer Menschen Profit schlagen. Sie nutzen die Verzweiflung von Menschen, die zum Beispiel an schweren Krankheiten leiden, um ihnen Produkte ohne nachweisbare Wirkung zu verkaufen. Und die Marketingstrategie setzt meist auf den Storytime-Shitmove.

Eines schönen Tages landest du aus Versehen auf einer dieser Clickbait-Webseiten und lernst dort irgendeinen Doktor Shriglaswik kennen, der viel zu ausführlich von der wundersamen Heilung einer dem Tode geweihten Patientin in Nicaragua berichtet. Mit Hilfe eines seltenen Pilzes, der zwar unsagbar teuer ist, aber dafür gegen alle Krankheiten der Welt hilft. Und das Unglaubliche: Doktor Shriglaswik bietet diesen Pilz zum Verkauf an. Er hat ihn persönlich aus dem Toten Meer geangelt. Aber Vorsicht! Die geldgeile und gefährliche Pharmaindustrie sieht in Doktor Shriglaswik einen Todfeind (Opfer-Shitmove lässt grüßen), und deshalb ist der Pilz nur über die Kryptowährung »Shitcoin« erhältlich!

Gut, du würdest Doktor Shriglaswik ebenso wenig vertrauen wie diesem Prinzen aus deinem Spam-Ordner, der dir ein paar Millionen Dollar schenken will. Aber was, wenn Doktor Shriglaswik und der Prinz in Gestalt echter Menschen aus deinem Freundeskreis auftreten oder zu deiner Familie gehören? Und dann hörst du Sätze wie »Die Cousine meines Schwagers hat mit dieser Tinktur ihren Krebs geheilt, vertrau bloß nicht auf die Schulmedizin!«. Oder wenn ein Promi, den du magst, aus eigener Erfahrung erzählt? Vielleicht hat die Masche dann Erfolg.

Und falls nun der Eindruck entsteht, dass Storytime-Shitmoves speziell in der Welt der Esoterik und Scharlatanerie zu suchen sind, täuscht er. Auch in völlig gewöhnlichen Auseinandersetzungen werden Kurzgeschichten als Scheinargumente benutzt: »Quatsch, niemand braucht so viel Schlaf! Ich schlafe seit Jahren höchstens zwei Stunden jede Nacht, und ich bin immer topfit und gesund. Leonardo da Vinci hat sogar nur anderthalb Stunden gebraucht« oder »Denkst du eigentlich auch mal dran, wie winzig deine Erfolgsaussichten mit solchen Plänen sind? Meine

Nachbarin hatte denselben Lebenstraum wie du, und du müsstest sie heute mal reden hören, sie ist einfach nur komplett frustriert und desillusioniert«. Wenn du die angeblichen Erlebnisse deines Gegenübers oder Dritter nicht überprüfen kannst, aber wegen der glaubwürdigen Erzählung in deine eigene Weltanschauung einfließen lässt, hat der Storytime-Shitmove Erfolg.

WAS BREMST ALSO DEN ERFOLG DES STORYTIME-SHITMOVES?

Ausgewogene Skepsis. So einfach ist es diesmal. Unser Vertrauen in die Erzählungen anderer ist ein weiteres Beispiel für Überlebensvorteile in der menschlichen Entwicklungsgeschichte. Wenn man sich gegenseitig Geschichten über bestimmte Gefahren bei der Jagd oder über tödliche Pilze erzählt hat, brauchte man nicht die Fehler anderer zu wiederholen, sondern konnte sie vermeiden. Vorausgesetzt, die Geschichten stimmten! Wie wir jetzt schon bei einigen Shitmoves sehen konnten, sind so manche unserer Anfälligkeiten für Shitmoves Erbstücke der Evolution.

Allerdings ist Misstrauen ebenso ein Erbstück, denn die taktische Lüge wurde auch schon früh erfunden. Und falsche Erinnerungen und Irrtümer mussten gar nicht erst erfunden werden, die haben sich selbst erfunden. Auch davor mussten sich Menschen schützen, um zu überleben. Wer nur vertraute oder nur misstraute, war verloren. Das stimmt auch noch im Informationszeitalter.

Das heißt konkret für den Umgang mit Storytime-Shitmoves: Wenn du keine anderen Argumente hörst als bloße Erlebnisse, die du nicht überprüfen kannst, dann glaub sie nicht. Ja, grundsätzlich nicht. Allein schon, um deine ausgewogene Skepsis zu trainieren, wenn du sie dann mal wirklich brauchst. Das heißt ja nicht, dass du ins Gegenteil umschwenken und alles als Lüge bezeichnen musst: »Ich hab letzte Woche Sellerie im Angebot gekauft.« – »Nie im Leben, was bist du nur für eine verlogene Drecksau!« Nein, es geht uns ja immer ums Gewinnen der anderen Person. Also hör dir jede Story an, bleib neugierig, frag nach und genieß die Show. Vor allem, wenn sie spannend und unterhaltsam ist. Aber sobald aus einer unüberprüfbaren Geschichte eine Konsequenz für dich entstehen soll, verlange zusätzliche Argumente, die nicht nur an dein Vertrauen appellieren.

Falls dich jemand mit einem Storytime-Shitmove in die Ecke drängen und zur Aufgabe deiner Position bewegen will, kannst du alternativ auf die Spiegelmethode zurückgreifen. Als zum Beispiel der US-Senator James Inhofe 2015 den Klimawandel leugnen wollte, indem er einen Schneeball mit in den Senat brachte, entschied sich Senator Sheldon Whitehouse für bloße Konfrontation: Er erklärte, dass man entweder dem überwältigenden wissenschaftlichen Konsens vertrauen könnte oder dem »Senator mit dem Schneeball«. Eine Kombination aus Entweder-oder-Shitmove und Label-Shitmove. Nachvollziehbar, dass er so in den Gegenangriff ging? Ja, vielleicht, aber damit gewann er weder Inhofe noch andere Fans der Schneeball-Anekdote für sich. Das charmante Spiegeln des Storytime-Shitmoves könnte dagegen so aussehen: »Senator Inhofe, wie schön, dass Sie uns eine Gelegenheit mit in den Senat bringen, den Klimawandel live zu beobachten. Legen Sie doch den Schneeball gut sichtbar für alle und für die Kamera aufs Rednerpult. Wenn er für den Rest der Debatte nicht schmilzt, schließe ich mich Ihrer Sicht der Dinge an. Aber falls er schmilzt, haben Sie heute den Klimawandel veranschaulicht, vielen Dank.«

Hätte Inhofe daraufhin eingewendet, dass die Temperatur im Raum doch nicht repräsentativ für die globale Temperatur ist, hätte er auch gleichzeitig den Fehler in seinem eigenen Storytime-Shitmove entlarvt. – Hast du nun Zweifel, ob sich genau diese Strategie auch auf jeden anderen Storytime-Shitmove übertragen lässt? Quatsch, vertrau uns! Wir haben die Methode schon oft erfolgreich eingesetzt und könnten dir jede Menge unüberprüfbarer Geschichten darüber erzählen.

KURZFASSUNG
#10 STORYTIME-SHITMOVE – Die Anekdote

Ziel des Storytime-Shitmoves
- Die andere Person vertraut dir, weil sie dich nicht widerlegen kann.

Vorbereitung
- Du brauchst tatsächliche oder erfundene Erlebnisse, aus denen du die Richtigkeit deiner Behauptung ableiten kannst.

Ausführung
- Erzähl deine Story möglichst spannend und überzeugend.

Abschluss
- Viel hilft viel: Bringe weitere passende Anekdoten.
- Verteidige, wenn nötig, die Deutungshoheit darüber.

Antwort
- Ausgewogene Skepsis: Glaube generell nichts, was du nicht überprüfen kannst – aber ohne Umkehrschluss: Es muss weder wahr noch falsch sein.
- Verlange mehr als nur Erlebnisse: Gibt es echte Argumente?
- Bei aggressiveren Storytime-Shitmoves: Führe die Anekdote charmant und humorvoll weiter, bis sie sich widerspricht.

#11

QUELLEN SHITMOVE

»Wer sagt das?«

Iris: »Eigentlich hätten wir mit dem Quellen-Shitmove anfangen müssen!«
Matthias: »Wieso das denn?«
Iris: »Weil ich das sage. Basta.«

Mit dem Quellen-Shitmove machen wir erst mal genau da weiter, wo wir den Storytime-Shitmove abgeschlossen haben: im US-Senat im Jahr 2015. Schauen wir uns diesen Schneeball-Gegenangriff von US-Senator Sheldon Whitehouse noch einmal im Wortlaut an: »Also, Sie können jeder einzelnen bedeutenden amerikanischen wissenschaftlichen Gesellschaft glauben oder halt dem Senator mit dem Schneeball.« Du bist wahrscheinlich mittlerweile so tief im Shitmove-Game, dass du sofort überblickst, was mit Quellen-Shitmove in diesem Kontext gemeint sein könnte. Reicht es aus, auf eine Quelle zu verweisen, aus der angeblich nichts als die Wahrheit sprudeln kann? Ist das Wort einer Expertin automatisch unfehlbar? Muss so einer Autorität jede Behauptung geglaubt werden, oder darf man selbst von der erfahrensten Koryphäe trotzdem noch Gründe und Argumente erwarten? Und selbst wenn die überwältigende Mehrheit aller Menschen, die sich gemeinsam als Quelle bezeichnen lassen, zum Beispiel »die Wissenschaft«, sich in einer These völlig einig ist, ist das genug? Oder bleibt es ein Quellen-Shitmove, wenn du nichts darüber hinaus anbietest, sondern im Grunde nur sagst: »Was ich denke, stimmt, weil meine Quelle es bestätigt!«?

Der Quellen-Shitmove ist ein verdammt heißes Eisen heutzutage. Die einen wollen ihn überall sehen und lehnen sich voller Trotz gegen alles auf, was vermeintlich aus der falschen Quelle kommt: »Das sagen die Mainstream-Medien, stimmt also nicht!« oder »Wer soll denn bitte ›die Wissenschaft‹ sein? Wissenschaft lebt doch vom Widerspruch!« oder »Ach, das will doch nur die Pharmaindustrie, dass wir das glauben!« Die anderen verzweifeln genau an diesem Trotz, weil so eine pauschale Ablehnung der Quelle unser ganzes System in Frage stellt. Und zwar nicht auf konstruktive Weise. Die Fronten dieser beiden Positionen scheinen sich in den letzten Jahren zu verhärten. Weil man mit Shitmoves eben nicht gewinnen kann. Aber Moment, welche Seite muss sich denn jetzt den Quellen-Shitmove vorwerfen lassen?

Im Grunde beide. Sowohl der Satz: »Das ist falsch, weil es aus der falschen Quelle kommt!«, als auch der Satz: »Das ist richtig, weil es aus der richtigen Quelle kommt«, ist ein Quellen-Shitmove. Und hier ist uns noch mal sehr wichtig zu betonen, dass man objektiv im Recht sein und trotzdem Shitmoves verwenden kann. Wenn du nämlich, ebenso wie wir, bisher keine Zeit oder Lust hattest, beispielsweise Quantenmechanik zu studieren, bist du natürlich trotzdem gut beraten, der Mehrheit aller Menschen zu vertrauen, die das stellvertretend für dich getan haben. Auch wenn dir *@AuFgEwAcHt_88* auf Twitter sagt, dass diese Mehrheit eine schlechte Quelle ist, die uns mit ihren Lügen nur versklaven will. Aber du kannst dir auch sicher sein, dass du *@AuFgEwAcHt_88* nicht allein mit Publikationen des Max-Planck-Instituts gewinnen wirst. Okay, auf Twitter wird ohnehin niemand gewonnen. Aber nehmen wir mal an, *@AuFgEwAcHt_88* entpuppt sich als dein Onkel, und ihr diskutiert im echten Leben miteinander. Quellen allein, und seien sie noch so verlässlich, können dich höchstens in deiner Ansicht unterstützen, aber sie können nicht dein einziges Argument sein, sonst geht's dir nicht darum, was gesagt wird, sondern von wem. Und das ist das Wesen des Quellen-Shitmoves: »Wer sagt das?«

Welche Branche könnte wohl liebend gern mit so einer Scheinargumentation arbeiten? – Ach was, die Werbung? Welche Überraschung! Stellen wir uns mal vor, Dr. Best hätte uns auf folgende Weise angesprochen: »Ich bin Professor Dr. Best, und ich zerstöre gerne Tomaten mit Zahnbürsten. Mit der Nummer hab ich's in Deutschland zu großem Ruhm geschafft. Ich habe einen weißen Kittel an, auf dem ›Dr. Best Forschung‹ steht, und das allein wirkt schon seriöser als mein karierter Lieblingspulli. Wenn ich den jetzt anhätte, würde man mich vielleicht für einen verwirrten Senioren halten, der das Gemüsemesser mit einer Zahnbürste verwechselt hat. Ich bin ein sogenanntes Testimonial, deshalb brauche ich neben dem Kittel noch weitere optische Signale für meine Rolle. Die grauen Haare und der sympathische Schnurrbart sind echt, aber meine Stimme ist synchronisiert. In Wirklichkeit klinge ich nicht ganz so einfühlsam und kompetent, aber hey, immerhin bin ich ein echter Zahnarzt in Chicago. Das hier ist aber nicht meine echte Praxis, die sieht weniger krass aus. Besonders diesen teuren Designer-Drehstuhl hier würde ich gern nach dem Filmen mitgehen lassen. Eine Werbeagentur hat mich als CEO der Dr.-Best-Forschung gecastet, denn so verkauft der Hersteller mehr Zahnbürsten, weil man in mir eine vertrauenswürdige Quelle sieht. Ich bin Zahnarzt und weiß, dass Zahnbürsten gut für die Zähne sind!«

Das wäre eine radikal ehrliche Einordnung seiner Fähigkeiten und Grenzen gewesen – und ein viel zu langer Werbespot. Mit dem etwas weniger ehrlichen Originalspot wuchs die Marke Dr. Best in den Neunzigern von einst sechs Prozent Marktanteil auf 40 Prozent und wurde somit zum Zahnbürsten-Marktführer. Das Konzept des Testimonials ist uralt. Schon in den 1920ern bewarb Unilever Seife mit dem Claim »Neun von zehn Hollywood-Filmstars benutzen Luxor Feinseife«, und gezeigt wurden dazu Filmgrößen wie Bette Davis oder Marlene Dietrich. Warum eigentlich nur neun von zehn Hollywood-Filmstars? Wer war denn Nummer zehn? Und warum wollte er oder sie sich nicht waschen? Was stimmte nicht mit der Seife?

UND WAS STIMMT NICHT MIT DEM QUELLEN-SHITMOVE?

Es ist doch plausibel, wenn berühmte Köche uns ihre angebliche Lieblingspfanne empfehlen oder wenn wir Finanztipps von Menschen hören, die selber reich sind. Die Werbung nutzt den Quellen-Shitmove ja offenbar, weil er super funktioniert. Also was spricht dagegen, ihn in Auseinandersetzungen zu verwenden?

Sein Autoritätsanspruch! Der Quellen-Shitmove stellt die rhetorische Frage »Wer sagt das?« und beantwortet sie selbst mit Autorität: »Das sagt Dr. Best, der weiß es am besten!« oder »Ich sag das: Drrrt, keine Widerrede!« Dass das ein Shitmove ist, verstehen sogar schon kleine Kinder, wenn sie das Warum-Spiel spielen. Die Antwort »Weil ich das sage! Basta« reicht ihnen schon in der Trotzphase nicht mehr aus, sie wollen mehr. Und das ist ja auch ganz gut so. Der lateinische Begriff *Argumentum ad verecundiam* bezeichnet diesen Appell an die Autorität, und so was kam offensichtlich schon in der Antike schlecht an, wenn es nicht von echten Argumenten begleitet wurde. Du kannst natürlich immer Informationen von einer bestimmten Quelle anbieten und sagen, dass du sie für glaubwürdig hältst. Das ist noch kein Shitmove. Aber sobald du verlangst, dass dein Gegenüber sie deshalb pauschal zu akzeptieren hat, wird daraus ein Quellen-Shitmove, der oft trotzig mit einem pauschal ablehnenden Quellen-Shitmove beantwortet wird.

Diese pauschal ablehnende Variante des Quellen-Shitmoves ist auch unter dem Namen »genetischer Fehlschluss« bekannt. Nein, es handelt sich nicht um das irrtümliche Ergebnis eines Vaterschaftstests, sondern es geht weiterhin um die rhetorische Frage »Wer sagt das?« und in dem Fall um eine Vorverurteilung der Antwort. Zum Beispiel: »Die Lügenpresse.« Es gibt diese Art Quellen-Shitmoves natürlich auch in zwischenmenschlichen Beziehungen. Vielleicht hast du zum Beispiel jemanden in deinem Freundeskreis mit einem katastrophalen Filmgeschmack und weißt genau, wenn dir diese Person einen Film voller Begeisterung ans Herz legt, dann solltest du einen weiten Bogen um genau diesen Film machen. Mag sein, dass deine Trefferquote mit dieser Methode so hoch ist wie die von Luxor-Seife unter Hollywood-Filmstars der 1920er Jahre. Aber womöglich entgeht dir dabei auch dieser eine von zehn Filmen, der wirklich sensationell ist. Unter anderem, weil er vielleicht endlich das Geheimnis lüftet, wer dieser eine von zehn Hollywoodstars ist, der Seife so verabscheut.

Okay, das wäre schade, aber verkraftbar. Doch in Streitgesprächen kann diese Version des Quellen-Shitmoves so klingen: »Weißt du, wer noch exakt das sagt, was du gerade gesagt hast? Satan, Ted Bundy und Pennywise, der Clown!« Oder in Kurzversion mit der Frage, die uns durch den Quellen-Shitmove führt: »Wer sagt das? – Nur Arschlöcher!« Der Inhalt dessen, was du sagst, spielt absolut keine Rolle. Die bloße Tatsache, dass es eine andere ganz schlimme Quelle gibt, mit der du wohl deine gesamte Weltanschauung teilst, schießt dich ins Aus.

Nun fehlt noch ein letzter fieser Aspekt, den sich so mancher Quellen-Shitmover im Konflikt gern zunutze macht. Nämlich, indem er sein Opfer nach einer Quelle fragt, wenn überhaupt keine nötig wäre, und so in die Verlegenheit einer vielleicht fehlenden Antwort manövriert. – Beispiel gefällig? Wir hatten mal mit unserer Kreativagentur eine längere Zusammenarbeit mit einer bekannten Marke. Und bei bekannten Marken wechselt öfter mal das Personal. Wir lernten also immer wieder neue sogenannte Marketingmanager kennen, die frisch eingestellt wurden und sich profilieren mussten. Ein Marketingmanager ist genau die Person, die mit uns Kreativen spricht und uns sagt, welche Ideen für welche Zwecke benötigt werden.

Nun war es also mal wieder so weit, dass eine neue Marketingmanagerin sich profilieren wollte. Und sie versuchte es, indem sie uns bei einem der ersten Meetings fragte: »Aber wer ist denn jetzt der große Star-Creative-Director bei euch? An wen kann ich mich denn da halten?« – Wir hatten keinen »Dr. Best« bei uns. Aber genau den wollte die Marketingmanagerin. Oder sie ahnte, dass es keinen gab und dass sie uns damit in Verlegenheit bringen könnte. Sie wollte nicht nur unsere kreative Qualität, sie verlangte Prestige. Und diese Form des Quellen-Shitmoves fragt zwar ebenfalls »Wer sagt das?«, aber nicht rhetorisch. Sie will darauf eine Antwort.

WAS IST EINE GUTE ANTWORT AUF DEN QUELLEN-SHITMOVE?

Da wir es mit verschiedenen Varianten desselben Shitmoves zu tun haben können, fangen wir mit der Gemeinsamkeit an. In jeder Variante des Quellen-Shitmoves wird vom Inhalt abgelenkt, und stattdessen wird die Frage »Wer sagt das?« thematisiert. Wie auch immer sie gemeint oder beantwortet wird. Und deshalb gilt auch für jede der Varianten das Prinzip *Name it and tame it*. »Das ist ein Quellen-Shitmove. Wieso ist es wichtig, wer etwas sagt? Ist das Gesagte selbst nicht das einzige Thema, das uns interessiert?«

Achte dabei auch auf den Tonfall, den dein Gegenüber mit dem Quellen-Shitmove angeschlagen hat, und reagiere angemessen. Wenn du zum Beispiel dieser aggressiven Variante begegnest, mit der dir eine Art Kontaktschuld unterstellt wird, weil nur Arschlöcher das sagen, was du gerade sagst, dann halte mit einer entsprechenden Klarheit gegen diesen Angriff. Zum Beispiel folgendermaßen, wenn dein Gegenüber dich zunächst mit einem Satz angreift wie diesem: »Dir ist schon bewusst, dass du darin einer Meinung mit Stalin bist?«

Darauf kannst du entgegnen: »Hör zu, du kannst mir gern deine Liste von Quellen geben, auf die du achtest, damit ihr euch nie in irgendwas einig seid. Ich hab keine solche Liste, mir ist das Gesagte wichtiger, als wer es noch sagt. Das ist nämlich das Einzige, worüber es sich zu diskutieren lohnt, meinst du nicht?«

Bei der Marketingmanagerin hätte ein solcher Tonfall allerdings ein unnötiges Zerwürfnis bedeuten können. In solchen Fällen sind Gegenfragen vielleicht besser geeignet, um den Quellen-Shitmove auszuhebeln, zum Beispiel: »Was verstehst du denn unter Star-Creative-Director? Meinst du internationale Größen? Wollt ihr euch das leisten? Wir sind gut vernetzt und können jemanden mit viel Prestige an Bord holen, wenn du uns dafür die Mittel gibst. Oder meintest du das anders? Geht es dir nicht um Prestige? Wie meintest du es dann?«

Es ist natürlich möglich, dass ein etwas subtileres Entlarven des Quellen-Shitmoves mit Hilfe solcher Rückfragen, die den Shitmover mit in die Verantwortung nehmen, die Person noch nicht gleich gewinnt. Aber da wir es hier mit einem Shitmove zu tun haben, der in manchen Varianten echt dreist sein kann, ist das erste Ziel, Grenzen zu ziehen und sich gegen die Dreistigkeit zu behaupten. Humor und das Gewinnen der anderen Person haben erst dann Priorität, wenn wir in Sicherheit sind. Und wenn ein Quellen-Shitmove von uns verlangt, dass wir etwas ohne Einwände zu akzeptieren haben, weil Quelle XY das sagt, dann sind wir eben nicht in Sicherheit. Das ist unbegründete Autorität.

Es gibt sicher auch andere starke Faktoren, aber diese Form des Quellen-Shitmoves trägt ganz klar dazu bei, dass wir trotzige Tendenzen in unserer Gesellschaft beobachten. Wer lässt sich schon gern solch eine Scheinargumentation gefallen? Selbst wenn sie von einer Person kommt, die inhaltlich völlig recht haben mag. Denn hat sie objektiv recht? Und wer sagt das?

KURZFASSUNG
#11 QUELLEN-SHITMOVE – »Wer sagt das?«

Ziel des Quellen-Shitmoves
- Du bestimmst, was hier akzeptiert oder abgelehnt wird.
- Du zwingst dein Gegenüber in die Defensive.

Vorbereitung
- Auf welche Quellen kannst du dich berufen?
- Auf welche Quellen beruft sich dein Gegenüber?

Ausführung
- Verlange eine bedingungslose Akzeptanz deiner Quelle(n).
- Diskreditiere die Quelle(n) deines Gegenübers.
- Unterstelle deinem Gegenüber schlimme Ansichten wegen Übereinstimmungen mit schlimmen Quellen.

Abschluss
- Du hast nun die Autorität, also spiel Polizei: »Bitte weitergehen, hier gibt es nichts mehr zu diskutieren.«

Antwort
- *Name it and tame it*, benenne den Quellen-Shitmove und verlange stattdessen wirkliche Argumente.
- Ziehe und verteidige Grenzen gegen den Machtanspruch.

#12

TEAM SHITMOVE

💩

Der Publikumsjoker

Iris:	»Weißt du noch, was du früher oft im Streit zu mir gesagt hast?«
Matthias:	»Was?«
Iris:	»Mach mir jetzt kein Ad populum!«
Matthias:	»Ach komm, Iris! Als ob ich so reden würde?!«
Iris:	»Du merkst gar nicht, wie du manchmal redest, ne? Das fällt nicht nur mir auf!«
Matthias:	»Wem noch?«
Iris:	»Den Leuten.«
Matthias:	»Machst du gerade etwa wieder ein Ad populum?«
Iris:	»Ich nenne es Team-Shitmove.«

»Ich werde das niemals vergessen«, sagt der australische Journalist Peter Overton heute über sein Interview mit Tom Cruise im Jahr 2005. »Erschreckender Clip von Tom Cruise, der einen Journalisten anschnauzt, geht 17 Jahre später viral«, schreibt die Klatschpresse, denn online hat das Video millionenfache Aufrufe, und in den Kommentaren wird gestritten: »Ob man Tom Cruise mag oder nicht, viele dieser Fragen waren krass unangebracht«, »Toller Schauspieler, schrecklicher Mensch«, »Tom Cruise hasst diesen Interviewer«, »Tom ist ein richtiger Alpha. Das war ziemlich cool«, »Tom Cruise hat sie nicht mehr alle«, »Man muss wirklich bedenken, wie unhöflich diese Fragen wären, wenn sie nicht einem Promi gestellt würden«. – Ein Einstieg voller Clickbaits, stimmt's? Hat auch bei uns funktioniert. Und wir haben den Verdacht, dass die ganze Aufregung bewusst aufgewärmt wurde, um seinen neuesten Film zu promoten. Smart! Aber das ist nicht der Shitmove, um den es uns hier geht. Sondern um Folgendes:

Im Jahr 2001 hatten sich Nicole Kidman und Tom Cruise scheiden lassen. Vier Jahre später interviewte Peter Overton Tom Cruise in der TV-Sendung *60 Minutes Australia* und stellte ihm zunehmend persönliche Fragen zu seiner Mitgliedschaft bei Scientology und zu seiner geschiedenen Ehe mit Nicole Kidman. Je privater die Fragen, desto schwerer fiel Tom Cruise die Balance zwischen Offenheit und Gelassenheit.

Und dann kommt dieser berühmte Moment, in dem er die Balance verliert, weil Peter Overton fragt, ob Nicole Kidman die Liebe seines Lebens gewesen sei. Zum ersten Mal windet sich Tom Cruise, bricht seinen sonst ziemlich konstanten Blickkontakt entschieden ab, atmet tief ein und hält die Luft an. In einem letzten Bemühen um Kontrolle über die Situation und über sich selbst sucht er nach Worten und stellt lachend Gegenfragen: »Wie meinst … wie meinst du das, Peter? Hör zu, wir haben gemeinsame Kinder, ich … Weißt du … Also, wie beantwortet man so eine Frage?« Peter bohrt aber unbeirrt weiter, verpasst alle weiteren körpersprachlichen Signale, dass es langsam zu intim wird, und trifft mit seinem Bohren schließlich eine Stromleitung, als er immer intimere Beziehungsdetails wissen will. Kurzschluss! Tom Cruise fixiert ihn mit einem durchdringenden Blick und bietet ihm bildlich und physisch die Stirn: »Hör zu, Peter, Folgendes: Du überschreitest gerade eine Grenze.« Der Journalist wendet ein, dass er doch nur frage, was »die Menschen wissen wollen«. Cruise fährt ihm aber sofort in die Parade, und zwar mit unserem Erfolgsrezept *Name it and tame it*. Er benennt klar und deutlich den Team-Shitmove: »Übernimm die Verantwortung dafür, was du wissen willst. Sag nicht: ›Was andere Leute …‹ Das ist ein Gespräch, das ich gerade mit dir führe. Okay?« Sein immer festerer Blick und sein machtvoller Sprachduktus mit kurzen Effektpausen eliminieren jetzt jeden Kontrast zwischen dem Schauspieler und seinen typischen Rollen in Actionfilmen. »Also ich sage dir hier und jetzt, okay? – Zeig mehr Anstand!« Damit erreicht er sein Ziel. Peter fragt vorsichtig: »Denkst du, ich bin zu weit gegangen?« Tom bejaht, worauf der Journalist sich entschuldigt und sein Erlebnis bis heute nicht vergessen hat.

Die anderen, oft nicht einmal anwesenden Menschen zur Unterstützung oder Rechtfertigung zu benutzen, das ist also der Team-Shitmove. Auch hier gibt es wieder einen lateinischen Begriff aus der antiken Argumentationstheorie, nämlich *Argumentum ad populum*, ein Argument mit Verweis aufs Volk. »Die Leute wollen das.« Und um den armen Peter Overton ein wenig zu entlasten: Dieser Shitmove ist besonders im Journalismus als Geheimzutat für aufdringliche Interviewfragen bewährter Standard. Die US-Starjournalistin Barbara Walters kam in ihrer langen Karriere nur selten ohne diesen Publikumsjoker aus. Ob sie sich nun im Jahr 1985 über Barbra Streisands Entscheidung gegen eine Nasen-OP wunderte: »Alle müssen Ihnen doch dazu geraten haben, Ihre Nase zu richten!«, oder ob sie im Jahr 1995 Courtney Love nach ihrem Drogenkonsum fragte: »Ich frag Sie nach allem, was die Leute denken!«, oder ob sie im Jahr 2000 Ricky Martin zu einem Outing nötigen wollte: »Sie könnten ja den Gerüchten ein Ende setzen, Sie könnten sagen, wie viele andere Künstler es getan haben: ›Ja, ich bin schwul.‹« – Walters liebte Team-Shitmoves! Und damit war sie nicht allein.

WARUM LIEBEN DIE LEUTE DEN TEAM-SHITMOVE SO SEHR?

Weil er ihnen die Macht der Masse verleiht. Egal ob du grenzüberschreitende Interviewfragen stellen oder in einem Streit deine Position verteidigen willst: Du bist nicht allein! Hinter dir steht ein Heer. Und du führst dieses Heer noch nicht einmal an, selbst das kann man dir nicht vorwerfen. Du überbringst doch nur die Botschaft, *don't shoot the messenger*. Ist das nicht ein genialer Freibrief? Sag einfach, was du willst, und dann verweise selbstbewusst auf die anderen, die dir angeblich recht geben. Außer du interviewst Tom Cruise, dann sei vorsichtig, der ist ein richtiger Alpha.

Der Team-Shitmove funktioniert in diesem Punkt ähnlich wie der Quellen-Shitmove, nur dass die Quelle eben ein anonymes Team ist. Kein konkretes Testimonial muss dir recht geben, sondern halt die Leute da draußen. »Kauf unser Produkt, es ist das meistgekaufte auf dem Markt.« – Aber ist es auch das beste? Oder wenigstens gut? Na ja, irgendwie muss es das ja sein, wenn es das meistgekaufte auf dem Markt ist. Oder?

Der Team-Shitmove braucht wegen der Macht der Masse keine einzelnen Stimmen zu zitieren, und das macht seinen Einsatz so besonders beliebt. Denn dadurch kannst du ihn sogar als pure Spekulation verwenden, um dein Gegenüber zu manipulieren. Ganze Generationen sind mit einem Klassiker unter den spekulativ formulierten Team-Shitmoves aufgewachsen und in der Erziehung schön klein- und brav gehalten worden. Er ist so berühmt, dass die Band Die Ärzte ein Lied über ihn singen kann: *»Was sollen die Nachbarn sagen?«*

An dem Satz sehen wir, dass es beim Team-Shitmove im Grunde um soziale Akzeptanz geht. Jedes einzelne Beispiel aus den zitierten Interviews ist ein Image-Thema: intime Beziehungsdetails, Attraktivität, Drogenkonsum, sexuelle Orientierung – all das spielt nicht nur für Stars eine wichtige Rolle, sondern auch in Freundeskreisen, am Arbeitsplatz oder in so mancher Nachbarschaft. In den sogenannten Peergroups. Jedes soziale Gefüge hat Hierarchien, die ständig angepasst und manchmal grundlegend umgewälzt werden. Und der Team-Shitmove ist dafür eins der wichtigsten Werkzeuge, mit dem du deine eigene Position im Machtgefüge absichern und die deines Gegenübers verschieben kannst. Zum Beispiel durch Gerüchte, die du tatsächlich aufgeschnappt, vielleicht sogar selbst im Team gestreut hast, oder wie Barbara Walters einfach deinem Gegenüber vorgaukelst. »Weißt du, was die anderen über dich sagen?« – Der Team-Shitmove ist ein mächtiger Hebel zur Verunsicherung des Gegenübers.

WAS IST EIN MÄCHTIGER HEBEL GEGEN DEN TEAM-SHITMOVE?

Im Wesentlichen können wir uns diesmal praktischerweise an Tom Cruise halten, denn rein technisch hat er alles richtig gemacht. Das Prinzip *Name it and tame it* bedeutet für den Team-Shitmove Formulierungen wie: »Nicht die anderen sagen das. Du sagst das. Das ist ein Gespräch zwischen uns beiden. Lass uns doch die anderen bei Gelegenheit fragen, falls es wirklich eine Rolle spielt, was genau sie denn sagen.«

Es gibt aber einen Grund, warum trotz seiner erfolgreichen Gegenwehr auch viele Kommentare gegen Tom Cruise unter dem Video zu finden sind. Warum schreibt dort zum Beispiel jemand: »Wie er ›Peter … Peter …‹ sagt, da kriege ich Gänsehaut«? Okay, wir haben keine Ahnung, wer das geschrieben hat. Womöglich war es Peter Overton selbst. Jedenfalls geht es uns darum, dass Tom Cruise keinen Fehler beim Was, sondern beim Wie gemacht hat. Deine Grenze zu ziehen und mit Klarheit zu verteidigen, ist genau unsere Empfehlung, aber versuch's mit mehr Leichtigkeit. Das Ganze ist natürlich eine Frage der subjektiven Wahrnehmung. Welcher Auftritt ist zu dominant und welcher zu humorvoll, um überhaupt noch effektiv zu sein? Wer sich (wie du jetzt in diesem Augenblick) intensiv mit Argumenten und Manipulation auseinandersetzt, wird auf Dauer immer bewusster und kontrollierter kommunizieren. Und das kann andere Menschen, die sich gar nicht oder wenig damit beschäftigen, erschrecken und verunsichern. Und wer verunsichert ist, greift mit höherer Wahrscheinlichkeit zu Shitmoves, insbesondere zu solchen wie dem Team-Shitmove, weil er Sicherheit und Macht verspricht: »Du wirkst eigenartig. Und das sehe nicht nur ich so!«

Das ist übrigens die Geschichte, die hinter der Behauptung steckt, dass Iris sich in der Anfangszeit der Beziehung öfter mal mit einem Team-Shitmove an Matthias vergangen haben soll. Für die Feststellung, dass Matthias eigenartig ist, braucht es bei uns mittlerweile keine Teams mehr. Aber damals wollte Iris ihm erklären, dass er in stressigen Phasen manchmal ganz schön unzugänglich wirken kann. Ein Feedback, für das er ganz schön unzugänglich war, weshalb Iris ihm schließlich sagte, dass sie solche Kommentare auch von Freunden gehört hätte. Matthias war empört, dass Iris imaginäre Zeugen zur Verstärkung holte, die ja nicht direkt vor Ort selbst hätten formulieren können, was sie genau meinten. Für Matthias fühlte es sich an wie ein Team-Shitmove, aber im Rückblick finden wir einen Aspekt an der Geschichte so wichtig, dass er hier noch mal für alle Shitmoves allgemeingültig festgehalten sein soll: Die Intention entscheidet am Ende immer! Iris wollte Matthias ja nicht verunsichern oder seinem Image schaden. Im Gegenteil, sie wollte ihm nur etwas geben, was am Ende des Streits dann auch geklappt hat: hilfreiches Feedback.

Wenn also jemand nur aus Unsicherheit durch deine Sicherheit zum Team-Shitmove greift und du zu streng darauf reagierst, gewinnt wieder niemand. Allein um diese Dynamik zu vermeiden, betonen wir, wie wichtig es ist, spielerisch zu bleiben, wann immer es möglich ist. Nur wenn du spielst, kannst du andere gewinnen.

Hätte zum Beispiel Tom Cruise durch den indiskreten Interviewstil nicht schon so unter Strom gestanden, dann wären vielleicht noch Scherze mit der gleichen ernsten Message möglich gewesen, zum Beispiel: »Peter, deine Fragen werden ja immer privater. Das kenn ich sonst nur von Scientology.«

KURZFASSUNG
#12 TEAM-SHITMOVE – Der Publikumsjoker

Ziel des Team-Shitmoves
- Du holst dir mehr Sicherheit durch die Macht der Masse.
- Du verunsicherst dein Gegenüber.

Vorbereitung
- Du brauchst nur eine schwer widerlegbare Behauptung, wer denn »die anderen« sein sollen, die dir recht geben.

Ausführung
- Behaupte, dass eine dritte Partei – idealerweise eine Mehrheit – deine Ansicht teilt.
- Oder dass sie der gegnerischen Ansicht widerspricht.

Abschluss
- *Don't shoot the messenger:* Du kannst ja nichts dafür, dass die Mehrheit recht hat.

Antwort
- *Name it and tame it:* Akzeptiere keine fiktiven Zeugen.
- Bleib in deiner Ablehnung humorvoll und spielerisch.

#13

HOLY SHITMOVE

💩

»Aber selber!«

Iris: »Du machst übrigens manchmal einen Shitmove, der echt nicht okay ist.«
Matthias: »Ach, und du bist eine Heilige, ja?«
Iris: »Genau den meine ich.«

Komm, wir versuchen es noch mal mit einem Shitmove-Urlaub. Unser Reiseziel ist diesmal ein Nationalpark in Arizona namens *Petrified Forest*. Vielleicht finden wir ja diesmal Ruhe in der Natur, und dafür ist doch ein uralter, naturgeschützter Wald perfekt geeignet.

Verdammt, warum steht hier kein einziger Baum?! Alles abgeholzt? Da drüben liegen noch ein paar zersägte Stämme, ansonsten ist alles Wüste. Was ist denn hier passiert? Bei näherem Hinsehen stellen wir fest, dass die Stämme nicht zersägt, sondern offenbar beim Umstürzen in viele Teile zerbrochen sind, und zwar in glatte Scheiben wie diese Bonbons, die von einer langen Zuckerstange abgeschnitten werden. Selbst die Farben dieser Holzscheiben erinnern an Bonbons, sie sind teilweise bunt wie ein Regenbogen.

Wir stehen also vor lauter Verblüffung wie versteinert vor versteinertem Holz, das vor über 200 Millionen Jahren mal der Wald war, den wir erwartet hatten. Jetzt liegt hier alles voller bunter Quarz-Bruchstücke in verschiedenen Größen, und plötzlich entdecken wir sie überall. Das ist wie mit Shitmoves, wenn du einmal einen Blick dafür hast. Wollen wir uns so einen kleinen Regenbogen-Chip aus fossilem Holz als Andenken mitnehmen? Das wäre doch ein tolles Shitmove-Symbol: farbenprächtige Vielfalt, älter als die Menschheit, passt in die Hosentasche und kann in jeder Situation ausgepackt werden. Komm, wir stecken eins ein. Oh, Moment, da steht ein Schild:

»Ihr Naturerbe wird täglich durch den Verlust von versteinertem Holz, insgesamt 14 Tonnen pro Jahr, meistens in kleinen Stücken, zerstört!«

Wir blicken uns an. Und vielleicht kommt uns allen gleichzeitig ein Holy Shitmove in den Sinn: Wenn 14 Tonnen im Jahr gestohlen werden, warum sollten wir dann jetzt einen auf heilig machen und davon absehen, uns auch zu bedienen? Auf dem Schild könnte genauso gut stehen: »Greif zu, bevor nichts mehr da ist.« Stecken wir uns also ruhig einen kleinen Quarzchip in die Tasche – machen doch eh alle!

BENUTZE RUHIG DEN HOLY SHITMOVE – MACHEN DOCH EH ALLE!

Auf den ersten Blick hat er Ähnlichkeiten mit dem Team-Shitmove, aber in einem zentralen Punkt ist er grundlegend anders. Mit dem Holy Shitmove verteidigst du dich dreisterweise überhaupt nicht dafür, dass dein Verhalten oder deine Ansicht eigentlich beschissen oder zumindest nicht ganz in Ordnung ist. Aber du nimmst auch keine Kritik an. Man kann dir ja alles Mögliche vorwerfen, aber du musst absolut nichts davon beherzigen. Wieso solltest du, wenn es doch auch andere gibt, die mindestens dieselbe Kritik verdient hätten?

Wir kennen diese Taktik hauptsächlich aus der Politik und von kleinen Kindern. Und was haben die gemeinsam? Genau, Korruption! Und das ist nur halb so scherzhaft gemeint, wie es sich vielleicht liest. Korruption ist eine Form des Pfuschens, und weil Kinder die Welt durch Spiele begreifen lernen, probieren sie im Zuge dessen fast jeden Pfusch aus, den wir in der Politik unter Korruption verstehen. Sie bestechen sich gegenseitig, wenn auch nur mit Spielzeug und Süßigkeiten, sie übervorteilen und sabotieren einander, nutzen sich gegenseitig aus, täuschen und lügen aus Eigennutz und erpressen und drohen sich mit Petzen und Verleumdung: »Wenn ich Mama sag, dass du hier alles dreckig gemacht hast, dann glaubt sie mir. Also putzt du jetzt für mich,

ich hab keine Lust!« Und selbst Nepotismus testen sie schon aus: »Nein, mein Bruder ist jetzt wieder der Bestimmer und dann wieder ich! Und wenn dir das nicht passt, dann darfst du nicht mitspielen.«

Wer die Regeln lernt, testet auch mal aus, wie sie sich brechen, biegen oder geschickt unterwandern lassen. Und weil das ja alle in unterschiedlichem Maß machen, liegt es als Ausrede auch besonders nahe, darauf zu verweisen, wenn man mal dabei erwischt wird und sich rechtfertigen soll. Der Holy Shitmove: Wer ist schon heilig? Es gibt da nur einen gigantischen Unterschied zwischen spielenden Kindern und der Politik. Erstere lernen die Regeln der Welt. Letztere macht die Regeln. Deswegen kann der Holy Shitmove, wenn er in Polit-Talkshows oder im Parlament verwendet wird, gar nicht vehement genug benannt und ausgehebelt werden. Wem ist geholfen, wenn eine Partei auf berechtigte Kritik antwortet, indem sie auf die andere Partei zeigt und sagt: »Aber selber!«?

Das ist übrigens unsere etwas freiere Übersetzung des Lateinischen *Tu quoque*, wörtlich »Du auch« – wieder mal ein Begriff aus der antiken Argumentationslehre. Dieses Scheinargument verteidigt sich gegen einen Vorwurf mit einem doppelten Gegenvorwurf. Wieso doppelt? Weil es nicht nur um die konkrete Sache geht, die die andere Person angeblich ebenfalls falsch macht. Sondern da steckt noch ein zweiter Vorwurf drin, nämlich Doppelmoral. Der erste, konkrete Vorwurf kann je nach Situation variieren: »Als ob du nicht selbst schon mal gelogen hättest!« oder »Ach komm, du hast letztens sogar Arschloch zu mir gesagt, und jetzt willst du, dass ich höflicher sein soll?!« und so weiter. Aber der zweite Vorwurf, der oft nicht mal mit ausgesprochen werden muss, lautet: »Wir alle machen Fehler, aber du bist obendrein scheinheilig. Du predigst Wasser und trinkst Wein!«

War dann sogar Jesus ein Holy Shitmover? Im Matthäusevangelium sagt er: »Was siehest du aber den Splitter in deines Bruders Auge, und wirst nicht gewahr des Balkens in deinem Auge?«, oder kurz: »Aber selber!« Vielleicht kennst du dich gut mit der Bergpredigt aus und weißt, dass es im Kontext darum geht, nicht über andere zu urteilen. Okay, das unterschreiben wir. Aber eine Anleitung zum Holy Shitmove hat Jesus da trotzdem geliefert, denn nicht jedes kritische Feedback ist gleich ein Urteil, wird aber trotzdem gern mit so was wie »Bist doch auch nicht besser!« abgeschmettert. Es ist allzu verführerisch, den Holy Shitmove gegen jede erdenkliche Kritik einzusetzen, und die Metapher mit dem Splitter im Auge bringt den Grund dafür sehr gut auf den Punkt. Denn was, wenn die Rollen vertauscht sind? Wenn du der Bruder mit dem Splitter im Auge bist, und da steht einer mit einem fetten Balken im Kopf vor dir und will dich verbessern? Dann können wir doch kaum anders, als »Aber selber!« zu sagen, oder?

Stell dir vor, du sitzt im Parlament und hast aktuell einen Medienskandal um deine Person an der Backe. Vielleicht sind peinliche Fehler in deiner Doktorarbeit entdeckt worden, oder du hast deine Privilegien missbraucht, um Menschen aus deiner Familie oder deinem Freundeskreis zu begünstigen. Verstöße, für die du geradestehen musst, gar keine Frage! Aber hier und jetzt im Parlament musst du gerade eine schadenfrohe Rede aus der Oppositionspartei über dich ergehen lassen, die vor Shitmoves nur so strotzt. Also die Rede. Aber die Partei auch, und das weißt du, das wissen alle. Diese Partei hat bekanntermaßen etliche Millionen veruntreut, überlebenswichtige Themen über Jahrzehnte bewusst ignoriert, Lobbypolitik in Höchstform betrieben und sogar bereits erreichte Fortschritte wieder aktiv rückgängig gemacht – und nun macht sie dich für deine Fehler fertig. Wer da nicht »Aber selber!« schreien möchte, muss wirklich Jesus sein. Wobei der laut unseren Recherchen keine Doktorarbeit geschrieben hat. Übrigens, falls du gerade an konkrete Parteien oder Leute gedacht haben solltest: Unser Beispiel ist rein fiktiv, und jede Ähnlichkeit mit lebenden oder realen Personen wäre rein zufällig.

Jedenfalls ist das ehrliche Ungerechtigkeitsgefühl, das einem Holy Shitmove manchmal zugrunde liegen kann, absolut nachvollziehbar. Innerlich kannst du dann mantraartig »Aber selber!« skandieren. Du kannst später deinen ganzen unerträglichen Zorn anderen Menschen oder deinem Tagebuch anvertrauen. Aber sobald du ihn in der Auseinandersetzung in Form eines Gegenvorwurfs rauslässt, wird daraus unter allen Umständen ein Shitmove, der dir deshalb auf die Füße fallen kann, wenn er entsprechend gekontert wird.

WIE KONTERT MAN ALSO EINEN HOLY SHITMOVE?

2022 wurde CSU-Politiker Markus Söder von Sandra Maischberger interviewt und sollte unter anderem Fragen zur Energiepolitik beantworten. Als er unprovoziert einen kleinen Seitenhieb mit den Worten »Vor Ort sind übrigens meistens die Grünen dagegen gewesen« platzierte, unterbrach sie ihn und bemerkte, dass dieser Fingerzeig auf die anderen ihr etwas zu häufig genutzt werde: »Also wenn mein Sohn nach Hause kommt und sagt ›Ich hab 'ne Fünf, die anderen aber auch‹ …« Weiter musste sie nicht sprechen. Es reichte, ihn mit leicht schräg geneigtem Kopf anzuschauen und abzuwarten. Das Publikum brach in spontanen Applaus aus, während Söder ihren Vergleich zunächst noch mit einem genervten »Näh…« missbilligte und sich dann mit einem lieben Shitmove zu retten versuchte: »Toller Vergleich, aber …« – er kam nicht mehr dagegen an, dass ihm sein Holy Shitmove auf die Füße gefallen war. *Name it and tame it.*

Nun hatte Maischberger allerdings insofern leichteres Spiel, als Söders Seitenhieb nicht gegen sie gerichtet war. Wenn wir mit jemandem streiten, haben wir häufiger uns selbst statt Dritte zu verteidigen. Und wenn wir dann auch so einen Vergleich nutzen mit dem Sohn, der eine Fünf nach Hause bringt, können wir damit vielleicht den Holy Shitmove entlarven und uns wehren, aber unser Gegenüber gewinnen wir damit nicht unbedingt. Und ein Publikum, das uns spontanen Applaus spendet, haben wir auch nicht immer im Rücken.

Aber es gibt zum Glück noch einen weiteren möglichen Konter. In dem steckt eine einzigartige Chance, wenn du selbst mit einem Holy Shitmove angegriffen wirst, denn du kannst umgehend zeigen, ob an dem darin enthaltenen Vorwurf der Doppelmoral überhaupt etwas dran ist.

Wenn wir beim Holy Shitmove schon passenderweise etwas biblischer unterwegs sind, nehmen wir dafür doch noch mal eine Metapher aus der Bergpredigt: Wenn dich jemand auf die rechte Wange schlägt, halte auch die andere hin. Keine Sorge, wir müssen das für unsere Zwecke nicht wörtlich nehmen und unserem Ego für diesen Konter auch keine utopische Demut abverlangen. Denn es geht nicht darum, sich den Shitmove einfach nur gefallen zu lassen, sondern um eine elegante Art, die Ohrfeigen ihrer Kraft zu berauben. Und zwar, indem du eine Art Backpfeifen-Deal aushandelst. Das könnte zum Beispiel in einem Beziehungsstreit so aussehen:

»Du streitest gerade unfair.«

»Aber selber! Du unterbrichst mich ständig, also tu doch nicht so scheinheilig, als ob nur ich unfair wäre!«

»Okay, da ist was dran. Sag mir, was du noch unfair von mir findest.«

»Was?«

»Ja, komm. Ich wollte dir ganz konkret etwas sagen, das mir wirklich wichtig ist. Und wenn deine Bedingung dafür ist, dass du zuerst dran bist, okay. Das höre ich mir alles von dir an, wenn du mir dann auch zuhörst. Los geht's.«

Gut, wenn du so eine ausdrückliche Einladung aussprichst, kann es natürlich passieren, dass erst mal eine gewaltige Shitmove-Lawine über dich hinwegrollt, die du dann auch möglichst stoisch über dich ergehen lassen musst. Das ist der potenzielle Nachteil des Backpfeifen-Deals. Aber der garantierte Vorteil, der sich gleich offenbart, ist dieses kleine Risiko definitiv wert! Du darfst dich nur auf dem Weg dahin nicht mehr provozieren lassen. Wenn du durch die vielleicht auf dich einprasselnden Angriffe deine Selbstbeherrschung verlierst, indem du dein Gegenüber entgegen eurer Vereinbarung eben doch unterbrichst, oder beim Zuhören so viel Sprengstoff in dir anreicherst, dass du zu Klaus Kinski mutierst, dann geht die Strategie im letzten Moment doch noch in die Hose. Aber das Risiko, dass die andere Person wirklich so vom Leder zieht, ist in den meisten Fällen eher gering. Und zwar weil du explizit dazu eingeladen hast. Wer schlägt schon gern mit Erlaubnis zu? (Ja, auch uns fallen Leute ein, die auf diese Frage »Hier, ich!« brüllen würden.

Aber mit denen führen wir ja auch keine Beziehung.) Also zurück zu unserem Beziehungsstreit und dem garantierten Vorteil des Backpfeifen-Deals: Du widerlegst damit den Vorwurf der Scheinheiligkeit auf verdammt eindrucksvolle Weise. So eindrucksvoll, dass du ganz nebenbei sogar den Spieß umdrehst: Deine Einladung war ja eine subtile, aber effektive Andeutung nach dem Prinzip *Name it and tame it*, nämlich dass die Bedingung deines Gegenübers wohl offensichtlich ist, das kindische Aber-selber-Spiel zu spielen. Die andere Person will sich ein kritisches Feedback gar nicht anhören, ohne selbst austeilen zu dürfen. Wenn es dir dann auch noch gelingt, auf die Vorwürfe gelassen und ohne die Eröffnung von Nebenschauplätzen einzugehen, dann fällt der Person oft auch ohne klatschendes Publikum auf, dass sie gerade einen zunehmend peinlichen Shitmove abzieht, und sie lässt idealerweise sogar freiwillig von den kindischen Gegenangriffen ab. Diese Strategie wurde dir präsentiert von: Jesus.

KURZFASSUNG
#13 HOLY SHITMOVE – »Aber selber!«

Ziel des Holy Shitmoves
- Du kannst Kritik einfach ignorieren und lässt stattdessen dein Gegenüber arrogant und heuchlerisch wirken.

Vorbereitung
- Der Holy Shitmove ist meist defensiv, also muss zunächst eine Kritik an dir formuliert worden sein.
- Ist dein Gegenüber selbst irgendwo nicht ganz perfekt?

Ausführung
- Prangere diese unerträgliche Scheinheiligkeit und Doppelmoral an.

Abschluss
- Es steht 2:1 für dich. Alle machen Fehler, aber dein Gegenüber ist obendrein zu arrogant, das zu akzeptieren.
- Lass nicht zu, dass dein eigener Fehler wieder Thema wird.

Antwort
- Überrasche den Holy Shitmover zunächst durch Bestätigung.
- Entkräfte dadurch elegant den Vorwurf der Doppelmoral und komme wieder auf deinen eigentlichen Punkt zu sprechen.

#14

SHIFT MOVE

Das Ablenkungsmanöver

Matthias:	»Oh nein. Der Shiftmove ist echt anstrengend!«
Iris:	»Weißt du, was wirklich anstrengend ist?«
Matthias:	»Was?«
Iris:	»Umzüge!«
Matthias:	»Ja, aber jetzt geht's doch um den Shiftmove.«
Iris:	»Und Mathe ist noch anstrengender. Und sinnlos, oder kannst du heute noch Integralrechnung?«
Matthias:	»Äh …«
Iris:	»Hast du sie je gebraucht? Na also! Wozu Mathe?!«

Nachdem wir nun so viel in der Bibel unterwegs waren, bleiben wir doch noch einen Moment länger im fiktiven Genre. Nicht etwa, weil es uns an realen Beispielen für den Shiftmove mangelt. Ganz im Gegenteil, es wimmelt in allen erdenklichen Medien nur so davon, und zu einigen dieser Fälle werden wir dann auch noch kommen. Nein, der Grund, warum wir mit einer Episode der Serie *Family Guy* namens »Im Rausch der Macht« anfangen wollen, ist einfach folgender: Shiftmoves können im echten Leben nach dermaßen durchgeknallter Realsatire klingen, dass die Comedy an ihre Grenzen stößt, wenn sie das noch überspitzen will. Fakt und Fiktion sind kaum noch zu unterscheiden. Oder kannst du in der folgenden Szene Details entdecken, die so nun wirklich nicht stattfinden würden?

Wahlkampf in den USA. Lois Griffin will sich als neue Kandidatin gegen den amtierenden Bürgermeister durchsetzen. Es ist eine dieser Veranstaltungen, bei denen das Publikum Fragen stellen kann. Und Lois macht noch den Fehler, dass sie komplexe Antworten geben möchte, die sie in ihrer begrenzten Redezeit nicht einmal beenden kann, während der Bürgermeister die Fragen immer nur als Rampe für krude Charme-Offensiven benutzt. Mit riesigem Erfolg! Das Publikum feiert ihn dafür.

Zum Beispiel wird er gefragt: »Würden Sie im Falle einer Wiederwahl die Häufigkeit der Müllabfuhr erhöhen?«, und Adam West antwortet: »Nun, das ist eine ausgezeichnete Frage, und ich danke Ihnen dafür. Ich denke, es ist großartig, dass wir in einer Stadt leben, in der man Fragen stellen kann, denn ohne Fragen haben wir nur Antworten, und eine Antwort ohne eine Frage ist nur ein Statement.«

Nein, danach kommt er nicht zurück zur eigentlichen Frage. Und trotzdem sind die Leute angetan von seiner charmanten und lockeren Art. Einer ruft sogar: »Mit dem würde ich ein Bier trinken gehen!« Seine Konkurrentin ist sichtlich fassungslos und legt spontan ihre bisherige Strategie ab. Offenbar wollen die Leute gar nicht, dass die Fragen inhaltlich ernst genommen und beantwortet werden. Also Schluss damit. Sie übernimmt einfach die Shiftmove-Strategie des Bürgermeisters und gewinnt damit das Publikum augenblicklich.

Sie wird zum Beispiel von einem älteren Herrn gefragt, was sie gegen die Kriminalität in der Stadt tun möchte, und sie antwortet kurz und knapp: »Sehr viel!«, worauf das Publikum schon klatscht. Und dann lenkt sie mit einem Shiftmove das gesamte Thema in eine andere Richtung: »Weil es das ist, was Jesus möchte!« – Zustimmung und Beifall von der Menge. Nun shiftet sie den Fokus auch noch auf ein komplett themenfremdes Buzzword: »Der 11. September war schrecklich!« Tosender Applaus! Einer ruft: »Da stimme ich zu!« Und ab hier beantwortet sie alle weiteren Fragen nur noch mit Shiftmoves, die Menge feiert sie für ihre klaren und eingängigen Antworten. Schließlich gewinnt sie damit sogar die Wahl.

Und? Hast du realitätsferne Momente entdeckt? Dass Lois Griffin dann im weiteren Verlauf immer korrupter und manipulativer wird, liegt ja auf der Hand. Für Fiktion würden wir wohl eher das Gegenteil halten. Gut, wir müssen einräumen, dass wir verschwiegen haben, wer ihr PR-Berater ist. Ein sprechender Hund namens Brian. Aber wenn wir nur auf die Shiftmove-Strategie mit den ablenkenden Buzzwords achten, zu der er ihr rät, dann passt erst die folgende Zuspitzung nicht mehr in unsere Realität: Jemand fragt Lois, was sie für die Umwelt tun will, und sie antwortet nur: »*Nine Eleven!*« Die Leute rasten aus vor Begeisterung. So was Absurdes gab es in der echten Welt noch nie. Da gab es »nur« das hier: Als Trump im Wahlkampf 2016 von einer Frau gefragt wird: »Was ist Ihr Plan, um die Umweltverschmutzung zu reduzieren, die den Klimawandel antreibt?«, reagiert er mit einem Shiftmove in Form dieser Frage ans Publikum: »Wer von euch glaubt an die Erderwärmung?« – Vereinzelte Buhrufe, und Trump will sofort weitere Fragen von den Leuten hören, ohne auf die letzte auch nur im Ansatz eingegangen zu sein. Er genießt offensichtlich den unglaublichen Effekt des Shiftmoves, denn gleich darauf nutzt er ihn schon wieder aus reinem Spott über die vorherige Frage. Jemand möchte wissen, ob er plant, den Papst zu besuchen, und er bringt diese Nichtantwort: »Du weißt schon, dass der Papst an den Klimawandel glaubt, oder?« Wie will Satire solche Momente noch toppen? Und egal wie offensichtlich der Shiftmove ist, er klappt fast immer.

WARUM KLAPPEN SELBST OFFENSICHTLICHE SHIFTMOVES?

Weil sie zweimal hintereinander ablenken können. Die erste Ablenkung auf irgendetwas, das nichts mit dem Thema zu tun hat, ist das eine. Manchmal klappt bereits dieser Teil des Tricks, und der Shiftmover kann sich aus der Affäre ziehen, weil die unangenehmen Fragen gar nicht mehr beantwortet oder die Schwachstellen einer vielleicht unterlegenen Position nicht mehr verteidigt werden müssen. Aber das andere ist, wenn das Ablenkungsmanöver dermaßen dummdreist ist, dass der Moment viral geht und kontrovers diskutiert wird. Worüber reden wir dann? Über den Shiftmove selbst! Aber auch nicht mehr über das eigentliche Thema. Wenn die erste Ablenkung nicht funktioniert, dann eben die zweite. In einer fragilen Aufmerksamkeitsökonomie ist der Shiftmove eine übermächtige Allzweckwaffe.

Sarah Palin hat es geschafft, mit dem Shiftmove zum Meme zu werden. Die ehemalige Gouverneurin von Alaska wurde in einem Interview gefragt: »Welche Erkenntnisse haben Sie in Bezug auf die russischen Handlungen, insbesondere in den letzten Wochen, aufgrund der Nähe Ihres Bundesstaates dazu?« Palin spielt daraufhin eine Farce im Stil von *Family Guy* und antwortet freudig: »Sie sind unsere Nachbarn, und man kann Russland tatsächlich vom Land aus sehen.« Vielleicht wollte sie damit ihre außenpolitische Kompetenz illustrieren, aber gelungen ist ihr ein viraler Shiftmove. Und war dadurch alles verloren? Nein! Wochenlang war sie deshalb überall im Gespräch, und es gibt bekanntlich keine schlechte Publicity. Selbst wir haben hier ein Problem mit diesem Effekt, denn auf der Suche nach geeigneten Beispielen für Shiftmoves finden wir vor allem solche, um die wir lieber einen Bogen machen würden.

In Onlinediskussionen wird zunehmend das Wort Whataboutism verwendet, um zu benennen und zu verhindern, dass jemand so von der Frage oder vom Thema ablenkt. Das Wort ist danach benannt, dass die Ablenkung mit den Worten *What about* …, also »Was ist mit …« beginnt. Dadurch, dass diese Form des Shiftmoves sich tatsächlich oft durch genau diese Formulierung ankündigt, wird sie so häufig durchschaut, dass es mittlerweile zum Standard im Kommentarstreit gehört, sich wiederum darüber zu beklagen. »Könnt ihr nicht mal mit diesem Modewort Whataboutism aufhören?!« Die Shiftmove-Beispiele, die wir uns schon angeschaut haben, kündigen sich nicht ganz so plump mit *What about* an und würden in der modernen Rhetorik-Analyse wohl eher als *Red Herring* bezeichnet werden. Es gibt eine weit verbreitete Herleitung dieses Begriffs, nämlich dass Jagdhunde angeblich durch den Gestank von Pökelheringen von der Fährte weggelockt wurden. Das ist aber offenbar Bullshit, der nur von einem einzigen englischen Pamphletschreiber namens William Cobbett im frühen 19. Jahrhundert so behauptet und in der Welt etabliert wurde. Und wie wir schon beim Storytime-Shitmove gesehen haben: Wer hätte damals Faktenchecker spielen sollen?

Heute können wir es, und wir bieten einfach für jegliche Art von gezieltem Ablenkungsmanöver in Auseinandersetzungen den griffigen und verständlichen Shiftmove an. Ob er nun mit *What about* anfängt, ob er mit scheinbaren Antworten arbeitet, die gar nichts mehr mit der Frage zu tun haben, oder ob der Shiftmove in einer weiteren häufigen Variante völlig unpassende Vergleiche oder Nebeneinanderstellungen vornimmt, die auch wieder nur Aufregung bezwecken wollen. Auch hier können wir für das perfekte Beispiel keinen Bogen um seine Herkunft machen, also öffnen wir TikTok und schauen uns mal an, wie die Linken-Politikerin Sahra Wagenknecht sich über Museen ärgert beziehungsweise über Krieg, also irgendwie ist das für sie wohl eins. Mit den Worten »Die Sprachpolizei hat mal wieder zugeschlagen« zeigt sie einen *Stern*-Artikel, laut dem einige Museen nicht mehr Mumie, sondern fortan mumifizierte Person sagen wollen, weil es laut Wagenknecht weniger diskriminierend sei – im Artikel ist keine Rede von Diskriminierung.

Aber dann shiftet sie das Thema auf ein völlig anderes: »Ja, so ist unsere Welt. Kriege führen, Panzer liefern, aber um Gottes willen nicht die Gefühle von Mumien verletzen.« Man möchte sie fragen, welche Museen denn Kriege führen oder Panzer liefern, damit ihre Nebeneinanderstellung wenigstens noch als Holy

Shitmove Sinn ergibt. Aber in den über 6 000 Kommentaren sind hauptsächlich Liebeserklärungen und zustimmende Empörung zu lesen. Der Shiftmove funktioniert auf TikTok schon mit seiner unmittelbaren Ablenkung durch den beliebigen Vergleich, und leider jetzt hier ein zweites Mal durch unsere Erwähnung in diesem Buch, wenn man sich über die fehlende Logik aufregt. Sich der Macht des Shiftmoves entziehen zu wollen, fühlt sich an, als hätte man Klopapier an einer feuchten Schuhsohle kleben, und um es nicht anzufassen, benutzt man den anderen Schuh, der aber auch eine feuchte Sohle hat.

ABER HILFT DENN GAR NICHTS GEGEN DEN SHIFTMOVE?

Mit *Name it and tame it* kommen wir beim Shiftmove nämlich offensichtlich nicht weiter. Einen Shiftmove als solchen zu bezeichnen, wird zumindest bei Leuten, die keine Lust auf aufrichtige Debatten haben, höchstens dazu führen, dass nun darüber gestritten wird, ob es ein Shiftmove war oder nicht. Daher muss diese Strategie zumindest von einem konsequenten Ultimatum begleitet werden:

»Hey, das ist ein Shiftmove, lass uns beim Thema bleiben.«

»Quatsch! *Nine Eleven* ist kein Shiftmove, das war doch wirklich viel schlimmer als Fahrerflucht!«

»Hör zu, wir bleiben beim Thema, oder wir hören auf«, gefolgt von einem wirklichen Ausstieg aus dem Gespräch, wenn dein Gegenüber es einfach nicht lassen kann. Aber wie man schon sieht, wird es mit Strenge und Konsequenz verdammt schwierig, die andere Person zu gewinnen oder eine gute Figur zu machen.

Es gibt also nur einen letzten Ausweg, der mit ein bisschen Training funktionieren kann. Hast du schon mal vom Konzept des dummen August und des Weißclowns gehört? Der dumme August ist das Klischee des tollpatschigen Clowns, der überall nur Chaos stiftet, alle Unternehmungen zum Scheitern bringt und damit oft die Lacher und Sympathien des Publikums erntet. Die Parallelen zum unkontrollierbaren Shiftmover liegen sofort auf der Hand. Und der dumme August braucht als Gegenpart oft den Weißclown, der sich als besserwisserischer Chef aufspielt und die Ansagen machen will, was zu tun ist. So dass der dumme August jemanden hat, den er verarschen kann. Wenn du in einer Auseinandersetzung mit einem shiftmovenden dummen August den Weißclown spielst, könntest du deinem Gegenüber keinen größeren Gefallen tun. Je mehr du seine Shiftmoves benennst und korrigierst, desto mehr brilliert er in seiner Rolle.

Mit einem dummen August kannst du eigentlich nur konkurrieren, wer von euch beiden die Rolle des dummen August besser spielt. Beantworte jeden Shiftmove mit einem noch viel krasseren Shiftmove. Komm vom Hölzchen aufs Stöckchen und bring dich selbst damit zum Lachen. Reize die Grenzen deiner Phantasie aus, erlaube dir, innerhalb von zehn Sekunden über 20 verschiedene Themen zu sprechen. So lange, bis dein Gegenüber dich bittet, endlich bei der eigentlichen Sache zu bleiben, so dass du die Früchte deiner Strategie ernten und sagen kannst: »Siehst du, jetzt sind wir uns einig. Lass uns das beide tun!«

Falls du dich nun nicht für besonders phantasievoll oder für spontan genug hältst, um diese Show abzuziehen, haben wir eine Hilfestellung. Du könntest die folgenden 20 Aufregerthemen auswendig lernen und für die nächste Tortenschlacht mit einem dummen August als Munition mitnehmen:

1. Das Trinkwasser wird schlechter und knapper!
2. Ananas auf Pizza. Lecker oder Todsünde? Oder beides?
3. Was soll das mit der Zeitumstellung?
4. Parteiübergreifende Korruption überall auf der Welt!
5. Ist Knoblauch gefährlich für Hunde?
6. Was tun gegen die Überfischung der Weltmeere?
7. »Sinn machen« ist kein Anglizismus, sondern macht Sinn.
8. Kindersoldaten! Denkt eigentlich mal jemand an die Kinder?
9. Bargeldabschaffung!
10. Renteneintrittsalter!
11. Schulreform!
12. Nordkorea macht auch nicht alles richtig, oder?
13. Datenschutz und Bürokratie!
14. Reichensteuer, Luxussteuer, Armutssteuer??
15. Wird Hollywood immer schlechter?
16. Sterbehilfe
17. Tierquälerei
18. Was ist so schwer daran, eine Rettungsgasse zu bilden?
19. Schlechter Kundenservice überall
20. Das Wetter

Ein Beispieldialog wird jetzt natürlich chaotisch, wenn am Ende beide um die Wette shiftmoven. Aber versuchen wir's und wenden die Strategien bis zur Eskalation nacheinander an. Das kurze Beispiel von vorhin könnte dann in etwa so verlaufen:

»Doch, selbst wenn du nur einen Kratzer verursachst, ist es Fahrerflucht, wenn du abhaust.«

»Ach komm, übertreib nicht. Andere Leute fliegen Flugzeuge ins World Trade Center.«

»Hey, das ist ein Shiftmove, lass uns beim Thema bleiben.«

»Quatsch! *Nine Eleven* ist kein Shiftmove, das war doch wirklich viel schlimmer als Fahrerflucht!«

»Hör zu, wir bleiben beim Thema, oder wir hören auf.«

»Klar, Kratzer im Lack sind das Wichtigste auf der Welt! Manche haben nichts zu essen, und du reitest auf so was rum.«

Jetzt versuchst du wirklich auszusteigen, aber nehmen wir an, der Shiftmover provoziert dich immer weiter:

»Bist du jetzt wieder eingeschnappt, oder was? Genau wie neulich, als ich nur ein paar Minuten zu spät war.«

Vielleicht bist du durch so einen Shiftmove, der irgendeinen alten Konflikt ausgräbt, versucht, den typischen Satz zu sagen: »Das war doch was ganz anderes«, aber stattdessen packst du jetzt ebenfalls den dummen August aus:

»Das Problem hätten wir ohne diese blöde Zeitumstellung gar nicht gehabt!«

»Was? Das war doch nicht wegen der Zeitumstellung.«

»Das ist alles so durchreguliert, überall nur Bürokratie.«

»Wovon sprichst du jetzt?«

»Na von Korruption! Die machen alles, wie es ihnen passt.«

»Wer jetzt?«

»Ach, jetzt hast du auf einmal keine Ahnung, ja? Und von Tierquälerei willst du auch noch nie gehört haben, stimmt's?«

»Doch, hab ich.«

»Und was ist mit Kindersoldaten? Denkt denn auch mal jemand an die Kinder?«

»Was redest du da? Das macht alles keinen Sinn ...«

»Sinn machen ist übrigens gar kein Anglizismus. Das ist astreines Deutsch. Solche Behauptungen regen mich richtig auf, im Deutschen machen Dinge doch auch Angst oder Freude.«

»Ich kann dir echt nicht mehr folgen. Kannst du mal bei einem Thema bleiben?«

»Siehst du, jetzt sind wir uns einig. Lass uns das beide tun!«

Wie dir sicher aufgefallen ist, kann auch öfter mal ein Stichwort der anderen Person zur Shiftmove-Inspiration dienen. So machen es die Profis. Viel Spaß!

KURZFASSUNG
#14 SHIFTMOVE – Das Ablenkungsmanöver

Ziel des Shiftmoves
- Mit dem Shiftmove dominierst du destruktiv das Gespräch.
- Du lenkst von deinen Schwachpunkten ab und sabotierst die Argumentation des Gegenübers.

Vorbereitung
- Merk dir jede noch so kleine Erwähnung von Aspekten, die vom Kern ablenken und Nebenschauplätze eröffnen können.

Ausführung
- Schlag in einem für dich günstigen Moment zu.
- Provoziere dein Gegenüber mit einem explosiven Randaspekt.
- Eröffne durch Whataboutism oder krude Vergleiche völlig unzusammenhängende und kontroverse Themenfelder.

Abschluss
- Komm von einer Nebensache auf die nächste.
- Eskaliere alles und vermeide jede Rückkehr zum Kernthema.

Antwort
- Eine Warnung, dann souverän aus dem Streit aussteigen.
- Oder schlage den Shiftmover in seinem eigenen Spiel.

#15

TWIST MOVE

Das bewusste Missverständnis

Matthias: »Es bringt dich überall so viel weiter, wenn du Shitmoves erkennen und kontern kannst.«
Iris: »Ja, wobei Humor das Wichtigste daran ist.«
Matthias: »Schon, aber es klappt auch, wenn einem mal nichts Witziges einfällt.«
Iris: »Aha, du findest Humor also komplett überbewertet?«
Matthias: »Quatsch, das hab ich nicht gesagt.«
Iris: »Was denn dann? Dass ich keinen Humor hab?«
Matthias: »Hä?«
Iris: »Du sagst also …«
Matthias: »Hör auf mit den Twistmoves, Iris!«

Hin und wieder gibt es Momente in unserer heutigen Popkultur, in denen ein bestimmter Shitmove eine Person berühmt macht und die Person umgekehrt auch diesen bestimmten Shitmove. So berühmt, dass das dazugehörige Interview sich durch die sonst eher voneinander isolierten Internet-Bubbles hindurch verbreitet und auf YouTube über 44 Millionen Mal gesehen und über 200 000 Mal kommentiert wird. Klar gibt es auch Videos mit Milliarden von Views, aber da geht's nie um Rhetorik. Und wenn nun die betreffende Person in dem viralen Interview den bestimmten Shitmove gar nicht selbst einsetzt, sondern sich erfolgreich dagegen zur Wehr setzt, dann hat diese Person fortan eine treue Fangemeinde, die immer hinter ihr stehen wird. Egal wie gern diese Person vielleicht selbst Shitmoves einsetzt. Die Rede ist vom kanadischen Psychologen Jordan Peterson.

Als er 2018 von Cathy Newman interviewt wird, ist er durchaus schon weltberühmt, aber damals hauptsächlich noch in seiner Bubble, wo man seine mitgefilmten Vorlesungen an der University of Toronto und seine Bücher über Lebensregeln schätzt. Mit eloquentem und strukturiertem Stil bietet er seiner überwiegend jungen und männlichen Zielgruppe ein konservatives Weltbild an. Und dieses Weltbild würde Cathy Newman im Interview gern als frauenfeindlich und falsch entlarven. Das Problem ist aber, dass sie dafür immer wieder den Twistmove benutzt, ihn also bewusst missversteht. In dem halbstündigen Interview beginnt sie allein 15 Sätze mit den Worten »Sie sagen also …« und sagt dann etwas, das er so eben nicht gesagt hat. Würde er ihr jedes Mal zustimmen, dann wäre seine Ansicht, dass Frauen in Beziehungen dominieren wollen, dabei aber unglücklich sind. Dass es egal ist, wenn Frauen nicht an die Spitze kommen, weil es sie deprimiert, wenn sie Karriere machen. Dass grundsätzlich jeder Wunsch nach Gleichberechtigung aufgegeben werden sollte. Dass willkürliche Hürden für Frauen okay sind. Und dass Menschen aus biologischen Gründen nichts gegen all das tun können. Aber Peterson stimmt ihr eben nicht zu. Jedes Mal erklärt er geduldig und souverän, dass er ihren Formulierungen widerspricht. Das lässt ihn immer stärker aussehen und sie immer schwächer. Diese Dynamik kommt zu einem Höhepunkt, als Newman von ihm wissen will, warum eigentlich sein Recht auf Redefreiheit mehr wert sei als das Recht anderer Menschen, nicht von ihm gekränkt zu werden. Diese Frage steckt im Kern dieses ganzen Buchs hier! Warum verbieten wir denn Shitmoves nicht einfach per Gesetz? Strafe für alle, die unfair streiten! Na, wie wär's?

Na, fatal wär's! Die Gefängnisse wären in fünf Minuten voll. Denn Shitmoves sind unvermeidlich, wir können nur lernen, besser damit umzugehen. Jordan Peterson drückt seine Antwort auf diese Frage deutlich drastischer aus: »Weil wir, um überhaupt denken zu können, die Kränkung anderer riskieren müssen. Ich meine, schauen Sie sich mal unsere Konversation hier an. Sie nehmen ja ganz klar das Risiko in Kauf, mich zu kränken, um an die Wahrheit zu kommen. Warum sollten Sie das Recht dazu haben? Das war bisher nicht gerade angenehm für mich ...« Auch hier missversteht sie wieder bewusst seinen letzten Satz und lacht: »Na, das freut mich, dass ich Sie so unter Druck setze.« Möglicherweise um zu überspielen, dass in Wirklichkeit sie diejenige ist, die zunehmend unter Druck geraten ist. Er lacht mit ihr und hakt dann aber nach, ob sie seinen Punkt denn verstanden hat. Und als sie darauf antworten will, gerät sie ins Schleudern und findet keine Worte mehr. Sie wirkt wie eine Schachspielerin, die erkennt, dass sie keine Züge mehr übrig hat. Und in diese Pause hinein sagt Peterson: »Ha. Gotcha!«, was sich nur halbwegs mit

Duzen übersetzen lässt: »Hab ich dich!« Und sie bestätigt: »Ja, Sie haben mich!« – dieser Moment geht so viral.

Jordan Peterson konnte Cathy Newman vor allem deshalb so eindrücklich besiegen, weil sie nie so wirklich gegen ihn selbst gekämpft hat. Mit jeder einzelnen Falschdarstellung seiner Aussagen hat sie versucht, quasi einen unterlegenen Klon von ihm herzustellen, gegen den sie dann punkten kann. Einen Strohmann, der ihn darstellen soll, der aber wegen seiner unhaltbaren Ansichten ganz einfach zu besiegen ist. Daher kommt der auch immer geläufigere Begriff des Strohmannarguments. Es funktioniert aber überhaupt nicht, wenn der echte Mensch, dessen Strohmann-Klon bekämpft wird, aufmerksam den Kampf beobachtet und immer wieder gelassen anmerkt, dass es sich nur um Twistmoves handelt, die ihm die Worte im Mund verdrehen.

Falls du übrigens Jordan Peterson in seinem Radikalisierungsprozess mit immer mehr Abneigung verfolgt haben und uns nach dieser ganzen Schilderung unterstellen solltest, dass wir ihn bewundern und prinzipiell für alles verteidigen, dann herzlichen Glückwunsch: Das wäre ein astreiner Twistmove. Uns geht's ja hier um die Mittel, weniger um Positionen. Und bei geschicktem Einsatz ist der Twistmove fast unschlagbar.

WAS MACHT DEN TWISTMOVE FAST UNSCHLAGBAR?

Zunächst einmal gehört er zu diesen Shitmoves, die man auch hervorragend in Abwesenheit des Opfers einsetzen kann. Schmierkampagnen funktionieren nach dem Prinzip, jemandem die unmöglichsten Aussagen zu unterstellen, um alle anderen gegen die Person aufzubringen. Wären die Unterstellungen frei erfunden, dann wäre das schlicht Verleumdung, aber mit dem Twistmove nimmst du tatsächliche Aussagen deines Opfers als Grundlage und verdrehst sie hier und da. So hast du immer noch die Möglichkeit, zu behaupten, du hättest wirklich etwas missverstanden, wenn dich jemand dabei erwischt. Wenn du diese kleinen Twists geschickt hinkriegst, hast du eines der effektivsten Manipulationswerkzeuge in der Hand.

Der Film *Thank you for Smoking* ist voll von interessanten Shitmoves, insbesondere Twistmoves, denn der Protagonist Nick lebt davon, Informationen und Aussagen ständig so zu verdrehen, dass die Tabaklobby davon profitiert. In einer Szene erklärt er seinem Sohn Joey, wie dieses Geschäft funktioniert. Es ist eine Schritt-für-Schritt-Anleitung für den Twistmove. Die beiden einigen sich darauf, spielerisch zu streiten, ob Schokoeis oder Vanilleeis die bessere Sorte sei. Joey streitet für Schoko und sein Vater für Vanille. Zunächst lockt Nick den Jungen in die Falle, seine Position radikaler zu formulieren: »Du sagst also, Schoko sei das Nonplusultra in Sachen Eis.« Joey fällt drauf rein und lässt sich sogar zu der Aussage hinreißen, dass er nie eine andere Sorte bestellen würde. Und schon hat der Vater ihn, indem er das Ganze zu einer Frage der Freiheit twistet: »Ich brauche mehr als Schokolade, und übrigens auch mehr als nur Vanille. Ich bin der Meinung, dass wir die selbstbestimmte Wahl unserer Eissorte brauchen, und das, Joey Nayler, ist die Definition von Freiheit.« – In einer hitzigen Debatte würde ein Twistmover vielleicht sogar so weit gehen, Joey sofort zu fragen, was er gegen persönliche Freiheit habe. Eine besonders fiese Form des Twistmoves ist nämlich die Frage, die eine Unterstellung beinhaltet, so dass dein Gegenüber nicht antworten kann, ohne erst mal die falsche Prämisse loszuwerden.

Aber obwohl Nick eher behutsam und subtil in diese Shitmove-Zone vordringt und seinem Sohn nicht explizit Intoleranz für seinen Schoko-Fanatismus unterstellt, merkt Joey natürlich den Twistmove und sagt: »Aber darüber sprechen wir doch gar nicht.« Besonders irritiert ist er davon, dass sein Vater gar nicht für Vanille gekämpft hat, aber der erklärt ihm, dass er das ja auch gar nicht musste: »Ich hab bewiesen, dass du falschliegst. Und wenn du falschliegst, dann muss ich richtigliegen.« Daraufhin bringt Joey unsere goldene Regel für gutes Streiten ins Spiel, dass es ums Gewinnen des Menschen gehen sollte und er jetzt nicht überzeugt sei, worauf sein Vater exakt das antwortet, was im Wesenskern von Shitmoves steckt: »Ich will auch nicht dich überzeugen. Sondern die«, und dabei zeigt er auf irgendwelche Leute in der Umgebung.

Das kann der Twistmove einfach hervorragend. Dritte davon überzeugen, dass du wohl im Recht sein musst, wenn dein Gegenüber so offensichtlich im Unrecht ist. Aber wenn der Versuch von jemandem wie Jordan Peterson entlarvt wird, kann sich der Effekt ins komplette Gegenteil umdrehen.

WIE ENTLARVT MAN ALSO DEN TWISTMOVER?

Ähnlich wie Joey spüren wir selbst angesichts sehr geschickter und subtiler Twistmoves recht zuverlässig, dass unsere Aussagen gerade nicht ganz richtig dargestellt werden. Ein eigentlich simpler Indikator, dessen Beachtung wir uns aber erst mal angewöhnen müssen, sind Formulierungen wie »Du sagst also …« oder »Wenn ich dich richtig verstehe …«. Bei solchen Satzanfängen sollten unsere Twistmove-Sensoren augenblicklich signalisieren, dass jetzt unsere volle Aufmerksamkeit benötigt wird. Wenn das Gegenüber uns nicht ganz richtig wiedergibt, ist eine perfekte Antwort: »So würde ich das nicht formulieren.« Schon ist ein möglicher Twistmove im Keim erstickt, denn ohne unser Einverständnis kann die andere Person das Manöver nicht gut fortsetzen, sondern muss uns fragen, wie wir es denn formulieren würden.

Nimm dir dafür dann die nötige Zeit, die wichtigen Unterschiede zwischen deiner Ansicht und dem möglichen Twistmove herauszuarbeiten und für den weiteren Gesprächsverlauf festzuhalten. Und beobachte dabei auch, wie die andere Person reagiert. Du kannst ja nicht mit absoluter Gewissheit sagen, dass sie dich absichtlich missverstanden hat. Wenn du von deinem Gegenüber echte Überraschung in Richtung »Ach! So meintest du das!« wahrnimmst, hattest du es vielleicht mit einem ehrlichen Missverständnis zu tun. Aber wenn dein Gegenüber negative Reaktionen zeigt oder dir das Gefühl vermitteln möchte, dass du mit deiner Richtigstellung zu penibel bist, kannst du fast sicher sein, dass du gerade einen Twistmove in seiner Entwicklung gestört hast. Weiter so.

Matthias hat vor kurzem einen charismatischen älteren Herrn kennengelernt, der eine entwaffnende Eigenheit hat. Diese Eigenheit ist die ideale Inspiration für eine weitere charmante Antwort auf den Twistmove, falls dein Gegenüber dich dreisterweise nicht nach deiner Stellungnahme fragt, sondern einfach drauflostwistet. Zunächst diese entwaffnende Eigenheit: Der besagte ältere Herr kombiniert Dominanz mit Herzlichkeit, indem er Fragen einfordert. Zum Beispiel hat er Matthias zu einem Besuch eingeladen, und als Matthias entschied, dass er die Einladung annehmen wollte, befahl der Mann: »Frag mich, ob ich mich freue, dass du kommst!« Das ist so eine ungewöhnliche Art zu kommunizieren, dass wir sie in entsprechend angepasster Formulierung speziell als Twistmove-Konter empfehlen.

Du merkst also, dass dein Gegenüber deine Aussagen oder Ansichten hier und da verdreht? Dann verlange so charmant du kannst: »Frag mich, ob du meine Aussagen richtig wiedergibst!« Auf diese Weise kommst du nicht in die Position, oberlehrerhaft zu ermahnen »Halt, Stopp! Was hab ich eben gesagt?«, sondern forderst auf gewinnende Weise ein, was dein Gegenüber eigentlich von sich aus hätte anbieten sollen. So eine Forderung stellt eine Verbindung zwischen zwei Menschen her, die man nur schwer ablehnen kann, weil man über den Charme des Ausgefallenen staunend lacht. Eigentlich ist das selbst auch eine Art Twistmove. Du twistest Fragen, die normalerweise nur eine einseitige Absicht ausdrücken, zu einer Art beiderseitigem Bündnis. Aus der Frage »Darf ich dich um diesen Tanz bitten?« wird mit diesem Twist die Formulierung »Frag mich, ob ich jetzt mit dir tanzen möchte«. Und selbst aus ungeduldiger Kritik wie »Das kenn ich eh schon in- und auswendig, was du da gerade alles laberst!« kann werden: »Frag mich, ob ich deine Position schon sehr gut verstanden habe.«

Generell ist es übrigens ein perfekter Ausweg aus einem eskalierenden Streit, sich gegenseitig fair und möglichst ohne Urteil wiederzugeben, was man vom jeweils anderen gehört hat. Das mag nach Klischees von gewaltfreier Kommunikation klingen, die sich in der Realität kaum anwenden lassen, wenn die Fetzen mal so richtig fliegen. Aber es geht! Vor allem wenn du mit dieser Mischung aus Dominanz und Herzlichkeit den Deal vorschlägst: »Frag mich, wie ich deine Ansichten verstanden habe.« Dass es ein Deal ist und dein Gegenüber anschließend auch deine Ansichten wiedergeben soll, muss meistens nicht mal hinzugefügt werden. Aber je mehr der Streit eigentlich gerade eskaliert, desto wahrscheinlicher ist es, dass du mit dieser Forderung nach einer Frage dein Gegenüber plötzlich für dich gewinnst. Weil die Forderung so aus dem Nichts kommt und so unglaublich entwaffnend wirkt. Du forderst ja nichts, wovon allein du profitierst. Sondern etwas, das auch im Sinne deines Gegenübers ist. Oder würdest du es ablehnen, wenn du jemanden fragen sollst, wie du verstanden wurdest?

KURZFASSUNG
#15 TWISTMOVE – Das bewusste Missverständnis

Ziel des Twistmoves
- Die Position deines Gegenübers wird unhaltbar.

Vorbereitung
- Hör aufmerksam zu und suche nach Interpretationsspielraum.

Ausführung
- Verdrehe deinem Gegenüber die Worte im Mund.
- Arbeite auch mit Fragen, die schon eine Unterstellung ausdrücken.
- Je unmöglicher du die gegnerische Position darstellst, desto effektiver wird dein Twistmove.

Abschluss
- Kämpfe nun gegen die von dir verfälschte Position an.

Antwort
- Achte auf Formulierungen wie »Du sagst also …« oder »Wenn ich dich richtig verstehe …«.
- Antworte mit »So würde ich es nicht formulieren«.
- Stelle die Aussagen dann in aller Ruhe richtig.
- Kombiniere Dominanz und Herzlichkeit mit der Forderung: »Frag mich, ob du mich richtig wiedergegeben hast!«

#16

BULL SHITMOVE

💩

Der bewusste Unsinn

Matthias: »Einen Bullshitmove hab ich noch nie gemacht.«
Iris: »Steile These.«
Matthias: »Kann ich aber beweisen!«
Iris: »Wie das denn?«
Matthias: »Na wenn's nicht stimmen würde, würde ich's auch nicht behaupten. Logisch.«

Stell dir vor, du sitzt im Physikunterricht und lernst gerade, dass sich Dinge bei Hitze ausdehnen. Dein Sitznachbar meldet sich und trägt dazu bei: »Das sieht man ja auch daran, dass die Bevölkerung immer mehr wächst, je heißer der Planet wird.« Einige kichern, andere denken darüber nach. Du aber hast ein Faible für die lateinischen Begriffe aus der Argumentationstheorie. Und was du da gerade gehört hast, war ein klassischer kausaler Fehlschluss. Eine Verknüpfung zweier Beobachtungen, die in keinem logischen Zusammenhang stehen. Die Lehrerin fragt, ob jemand etwas darauf antworten möchte, und dein Finger schnellt in die Höhe und schnippt übereifrig. Also gut, dann lass mal deinen Senf dazu hören: »Bei dieser Annahme handelt es sich um ein *Non sequitur*, das heißt auf Deutsch so viel wie ›Es folgt nicht‹. Genauer gesagt ist es ein sogenanntes *Cum hoc ergo propter hoc*, also *Cum* heißt ›mit‹ und *hoc* heißt ›diesem‹, dann *ergo*, das kennen wir ja alle, heißt ›also, folglich‹, und *propter hoc* heißt in etwa ›aufgrund von diesem, deswegen‹. Alles zusammen ist: ›Mit diesem, folglich deswegen.‹ – Mein lieber Sitznachbar Corbinian hat Korrelation und Kausalität verwechselt. Weil das eine gleichzeitig mit dem anderen auftritt, ist es noch lange nicht der Grund dafür. Danke schön.«

Du kannst dir sicher sein, dass Corbinian und seine Clique dir nach dem Unterricht auflauern. Und da gibt's dann durchaus einen Kausalzusammenhang. Wir haben hier ja schon einige lateinische und griechische Originalbegriffe behandelt, aber *Cum hoc ergo propter hoc* schießt einfach den Vogel ab. Wer die Argumente anderer so auseinandernimmt, macht sich unbeliebt. Die unmögliche Sperrigkeit von Bezeichnungen wie *Cum hoc ergo propter hoc* ist auf Platz eins der Gründe, warum wir den Begriff Shitmoves einführen. Und für bewusst erzählten Unsinn schlagen wir schlicht den Bullshitmove vor. Corbinian hat sich ja mit seinem Logikfehler erst mal nur selbst verarscht, aber der Bullshitmove ist die komplett willkürliche Erfindung von Fakten oder Zusammenhängen, um damit andere zu verarschen. Und das kann sehr verführerisch sein, wenn niemand deinen Bullshit (sofort) überprüfen kann.

Matthias hat sich damit mal eine Eins für ein Musikreferat erschummelt. Bevor er ins Internat kam, bestand Musikunterricht für ihn immer nur aus Singen. Nun musste er auf einmal Filmmusik und ihre Wirkung anhand einer Szene analysieren. Ohne Vorkenntnisse! Aus Überforderung entschied Matthias sich für einen Bullshitmove. Er brachte die bekannte Kampftrainingsszene aus *The Matrix* mit und erzählte ausführlich von einer Studie eines amerikanischen Forschungsinstituts, wo man diese Szene mal mit und mal ohne den actiongeladenen Big-Beat-Soundtrack vor Testgruppen zeigte und dabei jeweils ihren Puls, Blutdruck, Atemrhythmus, elektrischen Hautwiderstand, ihre Pupillenweitung und dergleichen mehr aufzeichnete und verglich. Und siehe da, die Musik stellte sich als das wichtigste Element des Films heraus. Ohne die Musik veränderten sich die Messwerte der Probanden so gut wie gar nicht. Aber sobald die Musik dazukam, entfaltete die Szene erst ihre mitreißende Wirkung.

Leider war alles, was Matthias da erzählte, frei erfunden. Das war mehr als eine komplexe Notlüge, es war bewusster Unsinn, den der Musiklehrer damals nicht so einfach überprüfen konnte, was Matthias schamlos zum eigenen Vorteil ausnutzte. Und der kreative Prozess, mit dem er all diese Details erfand, war klassisch für den Bullshitmove. Er fing einfach mit der Behauptung an: »Die Filmmusik in dieser Szene ist das entscheidende Element für die mitreißende Action«, und dann musste er nur noch nachträglich herbeiphantasieren, wie diese Behauptung bewiesen worden war. Genau auf diese Weise begegnet dir der typische Bullshitmove im Streit. Dein Gegenüber macht sich die Welt, wie sie ihm gefällt, und biegt und lügt sich dann passende Begründungen herbei.

Übrigens, keine Sorge, heute würde Matthias so etwas nie wieder machen. Jede seiner Aussagen ist immer und überall belegbar, es gibt sogar eine Studie eines amerikanischen Forschungsinstituts, in der alle bisherigen öffentlichen Behauptungen von Matthias auf ihre Belegbarkeit überprüft wurden. Glatte 100 Prozent[*]!

IST DER BULLSHITMOVE DENN DASSELBE WIE EINE LÜGE?

Nein, er ist sogar noch perfider. Wer lügt, kennt die Wahrheit und unterschlägt sie oder widerspricht ihr mit Absicht. Aber der Bullshitmove interessiert sich nicht mal für die Wahrheit. So beschreibt auch der amerikanische Philosoph Harry G. Frankfurt den Unterschied in seinem Buch *On Bullshit* und erklärt dann, warum die vielen Bullshitter in verantwortungsvollen Positionen eine wachsende Gefahr für unsere Welt darstellen. Denn Bullshitmoves sind sehr vielseitig einsetzbar. Du kannst dich damit verteidigen, wenn dir die Fakten ausgehen, auf denen deine Ansichten fußen. Du kannst damit andere überzeugen, wenn du entsprechend selbstbewusst auftrittst. Und du kannst damit sogar ganze Bewegungen starten.

---

[*] Quelle: Vertrau mir, Bruder.

Der Verschwörungskult *QAnon* lebt zum Beispiel komplett vom Bullshitmove, und zwar von einer noch fieseren Variante, als er in allen anderen uns bekannten Verschwörungsmythen zum Einsatz kommt. Normalerweise wird dabei einfach irgendein unbewiesener Bullshit serviert, und wer Appetit darauf hat, darf ihn sich einverleiben. Nicht so bei *QAnon*. Hier verteilt eine anonyme Quelle namens *Q* ihren Bullshit in Form von Hinweisen und Rätseln unter den Hungrigen, und die können sich daraus ihre eigene Bullshitsuppe kochen. Was sie auch eifrig tun. Die wichtigste Zutat in jedem Rezept ist dabei die Erfindung von Motiven. Die lateinische Frage *Cui bono*, also »Wem nützt es?«, ist dabei der Kompass. Kommt auch mal wieder aus der römischen Antike, wenn zum Beispiel Cicero oder Seneca in ihren geschliffenen Reden über die versteckten Absichten ihrer Gegner spekulierten.

Eben diese Unterstellung von Motiven ist für uns auch das zentrale Kennzeichen des Bullshitmoves, denn das funktioniert nicht nur in der Politik oder bei Verschwörungsmythen, sondern auch im Streit: »Das sagst du nur, um mich zu verletzen«, »Ach komm, es macht dir doch Spaß, mir beim Scheitern zuzuschauen!«, »Ich weiß genau, was du dir dabei denkst!« Wir wissen aber leider – oder glücklicherweise – eben nicht genau, welche Gedanken anderen Menschen durch den Kopf gehen. Wir wüssten es gern, und darin liegt auch die verführerische Qualität des Bullshitmoves in alltäglichen Konflikten. Wir fühlen uns nur noch halb so unsicher oder angreifbar, wenn wir uns nämlich selbst davon überzeugen können, die Motive des Gegenübers genau durchschaut zu haben. Nur können wir diese Überzeugung nie beweisen und deshalb auch niemanden damit gewinnen, wenn wir sie aussprechen. Es ist gerade noch legitim, sie als

Vermutungen zu äußern und zu fragen, ob wir damit richtigliegen. Aber die selbstbewusste Unterstellung ist ein Bullshitmove.

Selbst in Debatten lässt sich dieses Manöver gut einsetzen. Du brauchst dafür nur die logische Reihenfolge der Erkenntnisse umzudrehen. Fang damit an, dass dein Gegenüber im Unrecht ist, und suche anschließend nach Gründen dafür, die in den angeblichen Motiven der Person zu finden sein werden. In den 1950ern unterstellte der US-Senator Joseph McCarthy einfach jedem seiner politischen Gegner kommunistische Aktivitäten oder zumindest kommunistische Sympathien, woraus scheinbar logisch folgen musste, dass sie ihm widersprachen. Die nach ihm benannte McCarthy-Ära wird deshalb bis heute mit einer mittelalterlichen Hexenjagd verglichen, weil damals Menschen, die auch nur von ihm verdächtigt wurden, mit Verfolgung und Strafe rechnen mussten. Der Bullshitmove ist also ein geradezu terroristisches Werkzeug, denn er macht Angst vor ungerechten Anklagen und falschen Urteilen: Wer mit dem Bullshitmover nicht einer Meinung ist, hat böse Absichten. Denn hätte man gute Absichten, würde man dem Bullshitmover ja in allem recht geben. So einfach ist das.

Diese kreisförmige Logik nennt sich auch Bulverismus. Ein erfundener Begriff des britischen Schriftstellers C. S. Lewis, der in seinem Essay *Bulverism* von einer Figur namens Ezekiel Bulver erzählt. Ezekiel Bulver hört als fünfjähriges Kind einen Satz von seinen streitenden Eltern: »Das sagst du nur, weil du ein Mann bist.« Und schon hat er eine Erkenntnis fürs Leben: »Nimm an, dass dein Gegner Unrecht hat, dann erkläre seinen Fehler, und die Welt liegt dir zu Füßen.«

MÜSSEN WIR DEM BULLSHITMOVER DENN ZU FÜSSEN LIEGEN?

Ja. Wenn wir den Bullshitmove mit Faktenchecks kontern wollen, liegen wir ihm unbeabsichtigt zu Füßen. Denn »alternative Fakten« lassen sich um ein Vielfaches schneller erfinden als widerlegen. So hast du keine Chance. Es ist das Bild des Schachspiels mit einer Taube, die alle Figuren umschmeißt, aufs Spielbrett kackt und dann stolz gurrt, dass sie dich schachmatt gesetzt hat. Du kannst natürlich bei jeder Behauptung, die dir erfunden vorkommt, nach der Quelle fragen und mit Nachdruck festhalten, dass du nichts akzeptieren wirst, was dein Gegenüber nicht belegen kann. Aber wenn du es mit einem smarten Bullshitmover zu tun hast, wird es nicht bei einer Handvoll Erfindungen bleiben. Das komplette Schachbrett wird am Ende voller Taubenkacke sein! Und nicht alles wird einfach nur unglaubwürdig klingen. Die Gefahr ist, dass du am Ende trotzdem unterliegst, obwohl du Belege verlangt hast.

Die erste und wichtigste Frage im Umgang mit dem Bullshitmove ist also, ob du die nötige Zeit und Energie für den Konflikt hast, denn diesmal musst du emotionale Arbeit investieren. Ist dir die Person wichtig? Wirst du ihr auch in Zukunft öfter begegnen? In Onlinekommentaren mit Fremden ist die Wahrscheinlichkeit, andere zu gewinnen, sowieso schon sehr gering, aber wenn dort jemand mit Bullshitmoves hantiert, ist es ausgeschlossen. In dem Fall mach dich lieber auf die Suche nach einer wirklichen Taube für eine Runde Schach, damit hast du deutlich mehr Aussicht auf Erfolg. Vielleicht wirst du von ihrem friedlichen und vorausschauenden Spielstil überrascht sein.

Aber nehmen wir an, du steckst in einer Auseinandersetzung mit jemandem, den du wirklich gewinnen möchtest. Dann schau dir dieses eine Merkmal des Bullshitmoves noch mal genauer an: die Frage nach dem Motiv. Statt jetzt aber deinem Gegenüber schlechte Absichten zu unterstellen, lass dich wirklich darauf ein. Warum benutzt man überhaupt Bullshitmoves? Was hat man davon, unlogische Zusammenhänge, pseudowissenschaftliche Studien und versteckte Absichten zu erfinden? *Cui bono?* Sollst du dem Bullshitmover wirklich zu Füßen liegen? Geht's also um Macht? Wenn es das ist, dann vielleicht weil sich die Person ohnmächtig fühlt. Und ein Ohnmachtsgefühl verschwindet leider nicht, indem wir hören: »Stimmt doch gar nicht! Das ist ein Bullshitmove. Wieso erfindest du so was? Zeig die Quelle. Das war gerade ein *Cum hoc ergo propter hoc*, Corbinian. Du bist dem Anspruch unseres Gesprächs wohl nicht gewachsen, wie?«

Wenn du also jemanden gewinnen möchtest, der vielleicht aus einem Ohnmachtsgefühl heraus mit Bullshitmoves hantiert, dann lass mal die Fakten Fakten sein und richte deinen Fokus auf die Werte. Wo könntet ihr auf gemeinsame Nenner in der Weltanschauung kommen? Das ist fast immer möglich. Übrigens schwingen wir mit dieser Empfehlung keine hübschen Reden, die wir in der Praxis noch nie testen konnten. Bei Iris hat diese Strategie damals im Kiosk zuverlässig funktioniert. Die Leute sind eben nicht nur für den Einkauf Tag für Tag wiedergekommen, denn der Discounter wäre billiger gewesen. Sie haben sich im Kiosk als Menschen gesehen gefühlt. Und in den Kommentaren unter den PR-Berater-Videos suchen gelegentlich Bullshitmover mit Matthias Streit, den sie dann aber nicht finden. Stattdessen öffnen sie sich, wenn sie ausnahmsweise mal nicht weiter in ihr Ohnmachtsgefühl gedrängt werden.

Wenn du dich noch tiefergehend mit dieser Kommunikation beschäftigen möchtest, die sich auf Werte statt Fakten fokussiert, dann legen wir dir Daniel Shapiro ans Herz, der uns bereits beim Entweder-oder-Shitmove begegnet ist. Sein Buch *Verhandeln* ist wie ein Wegweiser zu einer zentralen Frage. Es ist dieselbe Frage, mit der dich der Bullshitmove auf eine einzigartige Weise konfrontiert: Was willst du überhaupt erreichen, wenn du mit einem anderen Menschen diskutierst?

KURZFASSUNG
#16 BULLSHITMOVE – Der bewusste Unsinn

Ziel des Bullshitmoves
- Du machst dir die Welt, wie sie dir gefällt.
- Du kompensierst und kaschierst dein Ohnmachtsgefühl.

Vorbereitung
- Achte lediglich darauf, glaubwürdig zu klingen und schwer widerlegbare Behauptungen zu formulieren.

Ausführung
- Behaupte, was immer dir gerade nützlich ist.
- Deiner Kreativität sind keine Grenzen gesetzt – erfinde Fakten, Statistiken, Studien und Erfahrungen.
- Unterstelle Zusammenhänge und vor allem Motive.

Abschluss
- Idealerweise bist du schon längst weiter, bevor Beweise von dir gefordert werden können.
- Viel hilft viel: Erschlage Einwände mit weiteren Bullshitmoves.

Antwort
- Hast du Zeit, Energie und Lust, das Gegenüber zu gewinnen?
- Finger weg von Fakten! Suche einen gemeinsamen Nenner.

#17

CHEAT MOVE

💩

Änderung der Spielregeln

Matthias: »Den Cheatmove bringst du ganz gern, ne?«
Iris: »Was? Noch nie!«
Matthias: »Na, also ›noch nie‹ stimmt nun wirklich nicht.«
Iris: »Wetten, dass du mir nicht ein einziges Beispiel nennen kannst?«
Matthias: »Wenn wir Monopoly spielen, änderst du einfach die Spielregeln.«
Iris: »Okay, wetten, dass du mir keine drei Beispiele nennen kannst?«

Es wird längst Zeit für einen Trip in die Antike: Pallas Athene, die griechische Göttin der Weisheit, latschte in ihren gemütlichsten Sandalen durch einen Wald und sah einen Knochen. Keine Überraschung in der griechischen Mythologie, da wird ja im Minutentakt gemordet. Nun fesselte dieser eine Knochen aber ihre Aufmerksamkeit, weil er schon von Ameisen so glatt abgenagt war, dass er glänzte. Sie hob ihn auf und sah, dass er auch von innen in zwei schnurgeraden Kanälen, die sich längs durch den Knochen zogen, ausgehöhlt war. Was würden wir also alle an ihrer Stelle tun? Na klar: hineinblasen. Bäh! Es erklang ein dumpfer Ton. Athene war hin und weg von ihrer Entdeckung, sie experimentierte ein wenig mit ihrer Stärke beim Pusten und kam auf die Idee, Löcher in den Knochen zu bohren. Woher sie wissen konnte, dass sie so die Tonhöhen verändern würde? Nun, sie war die Göttin der Weisheit.

Nach einigem Probieren hatte Athene die erste Flöte der Welt erfunden, den sogenannten Aulos, also eine Doppelflöte. Und sie spielte darauf so unbeschreiblich schöne Melodien, das musste sie sofort den anderen Göttern auf dem Olymp zeigen. Aber die reagierten nicht so, wie sie es sich erhofft hatte. Ihre Musik kam zunächst ziemlich gut an, aber irgendwie wurde trotzdem vereinzelt gekichert und schließlich sogar lauthals gelacht. Spöttisch gar! Wütend und beschämt rannte Athene wieder den Olymp hinab und zurück in den Wald, wo sie ihre Knochenflöte entdeckt hatte. Was war das Problem? Sie beugte sich über einen spiegelglatten Tümpel und beobachtete sich selbst beim Spielen. Und nun verstand sie, warum sie ausgelacht worden war: Wenn sie ihre schönsten Töne spielte, blähte sie beim angestrengten Blasen ihre Backen so sehr auf, dass sie wie ein Kugelfisch aussah. Ihr Gesicht lief dunkelrot bis violett an, und auf ihrer sonst so schönen glatten Stirn pulsierte eine dicke, fette Ader. So konnte sie sich natürlich nicht vor den Göttern zeigen, wie peinlich! Nirgends konnte sie sich so zeigen. Voller Zorn packte sie ihre olle Flöte und schmiss sie über ihre Schulter weit hinter sich ins Gestrüpp. Und dabei zischte sie den Fluch: »Wer auch immer diese Flöte findet und darauf spielt, dem soll etwas Grauenhaftes passieren!« – So weit, so nachvollziehbar, nicht?

Nun schlendert Marsyas durch eben diesen Wald. Ohne Sandalen, denn er hat keine Füße, sondern Hufe. Er ist ein Faun, ein drolliges Mischwesen aus Mensch und Ziege. Sein bisheriger Job ist selbständiger Warenhändler, er hat einen kleinen Bollerwagen, in dem Töpfe, Pfannen und Besteck scheppern, so dass man ihn schon von weitem hört. Heute lief das Geschäft schlecht, der Wagen ist noch schwer beladen, und Marsyas macht eine Pause. Und was findet er da? Die verfluchte Knochenflöte! Und natürlich checkt er ziemlich schnell, wie sie funktioniert. Er ist ein Naturtalent, denn innerhalb kürzester Zeit spielt er so beeindruckend auf dem Aulos, dass die Leute nicht mehr für seine scheppernden Küchenutensilien angerannt kommen, sondern um ihn musizieren zu hören.

Mit der Zeit wird er so gut, dass ihm die Leute manchmal sagen, er sei ein besserer Musiker als Apoll, der Gott der Musik und Künste. Das steigt dem armen Marsyas so zu Kopf, dass er die einzige echte Sünde begeht, die in der griechischen Mythologie eine Rolle spielt: Hybris. Er schreibt sich diesen Claim auf ein großes Schild: »Ich spiele besser Musik als der Gott Apoll!«, heftet das Schild an seinen Bollerwagen und zieht fortan damit durchs Land. Eine neue Karriere hat begonnen.

Natürlich bekommt Apoll davon Wind und sucht Marsyas auf

einem seiner Waldkonzerte auf, hört ihm zu, applaudiert höflich und stellt sich dann nachdenklich vor das Schild mit dem Claim.

»Ach, Marsyas?«

»Ja?«

»Du spielst also besser als der Gott Apoll, ja?«

»Sicher.«

»Weißt du, wer ich bin?«

»Nö.«

»Apoll.«

»Scheiße.«

Der Dialog ist wortwörtlich überliefert.[*] Marsyas macht vor Angst Ziegenköttel in seine Hose, aber Apoll bietet ihm einen musikalischen Wettstreit an. Womöglich stimmt der Claim, das muss man doch erst mal überprüfen. Die Spielregeln gibt Apoll vor: Die beiden spielen abwechselnd Musik, Marsyas auf der Knochenflöte und Apoll auf seiner Kithara. Davon leitet sich unsere heutige Gitarre ab, also ein Saiteninstrument. Und nach jeder Runde soll eine Jury entscheiden, wer schöner gespielt hat. Die Jury besteht aus den Musen höchstpersönlich! Wenn die kein faires Urteil fällen, wer dann?

Also los geht's, Apoll spielt, und Marsyas spielt. Und die Musen werden sich nicht einig, was ihnen besser gefallen hat. So gut spielt Marsyas. Aber Apoll sagt: »Okay, neue Spielregel! Du musst nachspielen, was ich vorspiele.« Ein weiterer Ziegenköttel presst sich zu den anderen in Marsyas' Hose. Aber was soll er tun? Er muss sich der neuen Vorgabe beugen. Apoll zupft eine unwahrscheinlich schwierige Melodie, aber tatsächlich gelingt

---

[*] https://r.mtdv.me/marsyas

es Marsyas, sie gerade noch so auf seiner Flöte nachzuspielen. Wieder unentschieden. »Okay, neue Spielregel!«, sagt Apoll. »Du musst mit deinem Instrument nachmachen, was ich mit meinem vormache«, und damit dreht er seine Kithara auf links und macht einen auf Jimi Hendrix. Als Marsyas seine Flöte umdreht, kommt kein Ton mehr heraus. Und nur um seine Überlegenheit ganz auszuspielen, setzt Apoll noch einen obendrauf: »Okay, neue Spielregel. Ich will dir eine letzte Chance geben. Ich drehe meine Kithara wieder herum, aber du musst wieder nachmachen, was ich mache.« Diesmal begleitet er sein Spiel mit wunderschönem Gesang. Man kann Marsyas nicht vorwerfen, dass er es nicht versucht. Er probiert, beim Flöten gleichzeitig seine meckernde Stimme erklingen zu lassen, versucht es mit rasend schneller Abwechslung von Flöte und Gesang, es ist absolut erbärmlich. Finden die Musen auch.

»Okay, neue Spielregel! Der Gewinner darf mit dem Verlierer alles machen, was er will«, sagt jetzt Apoll. Wenn Marsyas das gleich gewusst hätte, dann hätte er vielleicht lieber einen Fluchtversuch unternommen, statt sich auf den Wettstreit einzulassen. Aber nun ist es zu spät. Apoll schnappt sich den kleinen Faun, bindet ihn kopfüber an einen Baum und schabt ihm mit seiner eigenen Flöte die Haut vom Leib. Die Musen fragen Apoll, ob sie Marsyas' Schmerzensschreie auch als Musik bewerten sollen, aber Apoll ist zu beschäftigt, um zu antworten.

WAS HAT DIESE BLUTIGE SAGE MIT DEM CHEATMOVE ZU TUN?

Wer schon mal mit jemandem wie Apoll gestritten hat, kennt diese ständige Anpassung der Spielregeln genau. Im Englischen gibt es den Ausdruck *Moving the Goalposts*, also das »Verschieben der Torpfosten«, was ein passendes Bild dafür ist, die Kriterien immer wieder zugunsten der eigenen Position zu verändern. Wenn gerade noch nur ein einziges Beispiel als Beweis gefordert war, dann fordert der Cheatmover nun plötzlich drei weitere Beispiele. Und solche Regelanpassungen kommen selten von der unterlegenen Seite in einer Auseinandersetzung. Es ist eben nicht Marsyas, der die Regeln vorgibt, sondern Apoll.

Die neue Marketingmanagerin zum Beispiel, die uns schon beim Quellen-Shitmove negativ aufgefallen ist, indem sie den großen Star-Creative-Director von uns eingefordert hat, hat Vertragsverhandlungen und Zahlungsvereinbarungen liebend gern mit dem Cheatmove gestaltet. Und zwar mit der folgenden Methode: Es gibt in vielen Branchen, unter anderem auch im Marketing, etliche Abkürzungen für den ganzen finanziellen Kram. KPI steht für *Key Performance Indicator*, was ins Deutsche übersetzt in etwa »Leistungskennzahl« heißt. Oder weniger trocken: die Messlatte. Diese Marketingmanagerin wollte also einen KPI mit uns vereinbaren, eine Messlatte, wie stark ihr Umsatz steigen soll, damit sie unsere Arbeit als Erfolg wertet. Aber als wäre sie Apoll, wollte sie uns genau in diese Zahlen dann keine Einblicke gewähren. Zum Glück wussten wir damals schon, welches Ende Marsyas genommen hat, und haben dieses Spiel von vornherein nicht mitgespielt. Der Cheatmove ist oft eine Form von Machtmissbrauch.

Das heißt aber nicht, dass der Cheatmover sich überlegen und sicher fühlt, nur weil er oder sie am längeren Hebel sitzt. Für Apoll stand viel auf dem Spiel. Als Gott der Musik von einem Faun mit Kötteln in der Hose geschlagen zu werden, das wäre schon sehr peinlich gewesen. Wer den Cheatmove einsetzt, fürchtet sich davor, das Gesicht zu verlieren, wenn das vermeintlich schwächere Gegenüber wider Erwarten punktet.

Auch die Musen spielen für den Cheatmove eine Rolle. Viele Auseinandersetzungen werden vor Publikum ausgetragen, das dabei wie eine Jury funktionieren kann. Stell dir zum Beispiel vor, du bist als Gast zu einem Live-Interview eingeladen, und bevor es losgeht, werden dir die Spielregeln gegeben. Sprich, du kennst die Fragen und weißt, worauf du dich einlässt. Und dann, wenn die Show losgeht, ändert der Moderator vor laufenden Kameras und vor Publikum einfach die Regeln und stellt dir eine nicht abgesprochene Frage nach der anderen. Du gerätst zunehmend in Bedrängnis. Aber traust du dich, den Cheatmove zu benennen? Oder befürchtest du, dadurch die Gunst der zuschauenden Musen zu verlieren? Marsyas haben sie ja eiskalt im Stich gelassen, als Apoll die Regeln ständig verändert hat.

Die US-Schauspielerin Lindsay Lohan hat genau diese Situation 2013 im Interview mit David Letterman erlebt. Aus dem Nichts fragt er sie in der Liveshow, ob sie nicht eigentlich gerade in der Entzugstherapie sein müsste. Sichtlich irritiert steht Lindsay Lohan ihm zunächst Rede und Antwort. »Wie oft warst du denn schon in der Entzugsklinik?«, fragt Letterman, und Lohan weicht aus: »Paar Mal.« Das Publikum lacht laut, und sie wendet ihren Blick ab, schaut sich diese amüsierte Jury an, die ja nicht ahnen kann, dass hier gerade ein Cheatmove stattfindet. Und dann lässt Letterman so richtig den Apoll raushängen, dreht seine Kithara auf links und singt dazu: »Und inwiefern wird es diesmal anders sein? Was genau wird überhaupt therapiert? Was haben die da auf ihrer Liste? Woran werden die arbeiten, wenn du dort erscheinst?« Das Publikum lacht immer enthemmter. Und dann ringt sie sich dazu durch, seinen Cheatmove halb an ihn, halb ans Publikum gerichtet zu veröffentlichen: »Wir haben das im Vorgespräch nicht vereinbart.«

Und was passiert? Lindsay Lohan wird von den Leuten vor ihren Bildschirmen und von der internationalen Presse noch stärker mit Suchtproblemen assoziiert als vorher schon. Das Skandalthema, das Letterman mittels seines Cheatmoves angerissen hat, bleibt überall hängen. Die Musen beurteilen ihre Schmerzensschreie, als wären sie Musik.

WAS TUN GEGEN DEN CHEATMOVE?

Diese Unart, fiese und nicht abgesprochene Interviewfragen zu stellen, ist extrem verbreitet, auch in vielen deutschen Sendungen. Und es gibt noch andere Beispiele, in denen sich die Interviewten das nicht gefallen ließen und weggingen oder wenigstens harte Grenzen setzten. Aber wir entdecken diese Beispiele deshalb online, weil sie genau wegen der Eskalation viral gehen. Es ist also keine einfache Abwägung, ob man das in Kauf nehmen möchte. Für uns, die wir bisher glücklicherweise noch nie entgegen irgendwelcher Absprachen über unsere peinlichen Abgründe ausgefragt wurden, wäre die Empfehlung immer, sich möglichst früh und nachdrücklich gegen den Cheatmove zu wehren. *Name it and tame it.*

Und das gilt natürlich nicht nur für Interviews, die ja für die meisten von uns nicht so häufig stattfinden wie alltägliche Konflikte. Als Cheatmove kannst du im Grunde alles bezeichnen, womit sich jemand über eure gemeinsamen Abmachungen hinwegsetzt oder von dir immer noch ein bisschen mehr verlangt als zunächst kommuniziert. Ein kleines Experiment, das wir genau hier und jetzt durchführen können, zeigt, wie Cheatmove-erprobt du schon durch deine bisherigen Erlebnisse mit Autoritätspersonen bist. Bereit? Dann spreize jetzt mal die Finger deiner freien Hand so weit auseinander, wie du kannst. Hast du? Okay, dann jetzt noch ein bisschen mehr. Wenn da noch was ging, dann deshalb, weil du schon als Kind gelernt hast, dass es klug ist, immer noch ein bisschen Kraft aufzubewahren. Denn irgendein Cheatmover wird kommen und noch mehr Einsatz von dir verlangen. Zum Vergleich kannst du übrigens mal ein Kindergartenkind darum bitten, seine Finger so weit wie nur möglich zu spreizen. Da kannst du noch hundertprozentigen Einsatz beim ersten Versuch beobachten.

Jedenfalls ist für Auseinandersetzungen, in denen dir der Cheatmove begegnet, zusammenfassend zu empfehlen, dass du dir die Kriterien, die du erfüllen sollst, noch mal ganz klar und deutlich sagen lässt. Und sie dann selbst noch mal klar und deutlich wiederholst. In besonders schlimmen Cheatmove-Fällen hilft es vielleicht nur noch, die Abmachungen schriftlich festzuhalten. Dann kannst du souverän darauf verweisen, wenn dein Gegenüber die Torpfosten verschieben und neue Spielregeln aufstellen möchte.

Was ist mit dem Gewinnen der anderen Person? In diesem Fall steht das aus unserer Sicht an zweiter Stelle, denn der Cheatmover macht einen auf Apoll und hat in der Regel kein Interesse daran, sich gewinnen zu lassen. Wer Cheatmoves nutzt, will dich besiegen und kleinhalten. Deshalb kennt man klassische Cheatmove-Situationen häufig vom Job. Und da ist eine effektive Verteidigung viel wichtiger als anschließende Freundschaft.

KURZFASSUNG
#17 CHEATMOVE – Änderung der Spielregeln

Ziel des Cheatmoves
- Du kontrollierst die andere Person und hältst sie klein.

Vorbereitung
- Du musst in einer Position sein, in der es dir zusteht, Regeln zu machen und zu verändern.

Ausführung
- Salamitaktik: Verlange immer etwas mehr als vereinbart.
- Gib deinem Gegenüber auch unerreichbare Kriterien vor.
- Halte dein Gegenüber immer im Ungewissen über die nächsten Regeländerungen.

Abschluss
- Bei subtilem Einsatz ist dein Gegenüber frustriert und zweifelt idealerweise schließlich an sich selbst.

Antwort
- Verlange eine glasklare Formulierung der Kriterien für die Gültigkeit deines Arguments oder deiner Leistung.
- Wiederhole diese Kriterien.
- Erfülle sie und verweise ggf. souverän auf die Verabredung.

#18

QUIT MOVE

Der taktische Rückzug

Matthias: »Komm lass gut sein!«
Iris: »Was? Ich hab doch noch gar nicht mit dem Quitmove angefangen!«

Matthias verlässt den Raum.

Es ist Freitagnacht in einer Werbeagentur. Iris verfasst eine Mail an ihren Vorgesetzten: »Lieber Malus, die letzten Monate der Pitch-Vorbereitung waren ja für uns alle enorm anstrengend. Jetzt, wo wir den Pitch geschafft haben, muss ich für die kommenden Wochen wieder die regulären Arbeitszeiten einhalten, also um 19:00 Uhr nach Hause gehen und an den Wochenenden frei haben. Denn ich spüre die Belastung der letzten Monate deutlich. Und das möchte ich dir offen kommunizieren, damit ihr das in eurer Kapazitätsplanung berücksichtigt. LG, Iris«.

Am Montag wird Iris aufgrund dieser Mail in Malus' Büro geladen. Er fragt sofort, was sie damit bezwecken wollte. Iris will den Sachverhalt noch besser erklären, aber er winkt mit den Worten ab: »Wenn du Karriere machen willst, dann kannst du nicht um 19 Uhr nach Hause gehen wollen.« Iris wendet ein, dass sie wochenlang 14 bis 16 Stunden am Tag gearbeitet hat und dass all diese Überstunden nicht mal bezahlt werden. Der Vorgesetzte schüttelt den Kopf und lässt Iris mit dem Quitmove im Stich: »Komm, lass gut sein!« Er signalisiert, dass sie sein Büro verlassen soll.

Iris steht ratlos auf dem Flur und fragt sich, wie das Ganze so schnell schieflaufen konnte. Das Gespräch ist doch nur drei Minuten kurz gewesen, was war das denn? Genau genommen ist es ja nicht einmal ein richtiges Gespräch gewesen. Sie ist zwar offen für Lösungen und Kompromisse in sein Büro gekommen, aber er hat von Anfang bis Ende keinerlei Interesse an einem Dialog mit irgendeinem Ergebnis gezeigt. Er hat sie im Grunde nur gerufen, um sie wieder rauszuschicken.

Etwas später probiert sie, ihn noch mal anzurufen, ohne Erfolg. Auch auf Mails antwortet er nicht mehr. Und langsam, aber sicher entfaltet der Quitmove seine ebenso subtile wie starke Wirkung auf Iris' Gewissen: Sie beschließt, heute doch nicht schon um 19 Uhr das Büro zu verlassen, sondern guten Willen zu zeigen. Auch in den folgenden Wochen bleibt sie wieder bis nachts im Büro.

WARUM HAT DER QUITMOVE SO EINEN STARKEN EFFEKT?

Weil du die Schuld bei dir suchst. Die Worte »Komm, lass gut sein« sind nur selten so gemeint, wie sie klingen. Meistens drücken sie eher aus: »Bringt doch nichts. Und zwar deinetwegen!« Eine passiv-aggressive Schlussnote am Ende eines anstrengenden Konflikts, der zu keiner Einigung geführt hat. Klar, manchmal können auch einfach alle Beteiligten nicht mehr, und es ist völlig nachvollziehbar, wenn man dann frustriert abbricht und erst mal Schlaf braucht. Das muss dann nicht unbedingt ein Quitmove sein.

Wenn aber, wie in der Situation zwischen Iris und Malus, noch überhaupt keine Klärungsversuche stattgefunden haben, dann ist der unvermittelte Abbruch ein Quitmove. Es ist, als würdest du im Restaurant die Rechnung bekommen und gebeten, deinen Platz zu räumen, noch bevor du etwas bestellt hast. Was zur Hölle? Selbst wenn deine Emotionen bis zum Quitmove noch gar nicht hochgekocht sind, dann tun sie es spätestens jetzt, weil das so eine Unverschämtheit ist. Und weil du mit all deinen ungeklärten Fragen und Gefühlen einfach im Stich gelassen wirst, findet alles Weitere in dir allein statt. Das verleiht dem Quitmove seinen starken Effekt. Denn konstruktiv und verantwortlich mit Wut oder ähnlich heftigen Gefühlen umzugehen, will gelernt sein. Besonders nach so einer extrem schlauchenden Pitch-

Phase kann ein Chef wie Malus auf die hohe Wahrscheinlichkeit bauen, dass Iris keine Ressourcen mehr übrig hat, um sich zu stabilisieren. Er weiß, dass sein taktischer Rückzug viel in ihr auslösen wird und dass er sich um alles Weitere nicht mehr kümmern muss.

Der Erfolg gab ihm auch recht, denn Iris hat zunächst nur noch darüber nachgedacht, wie sie Malus zeigen könnte, dass sie jederzeit bereit für ein weiterführendes Gespräch ist und dass sie ihre Arbeit immer gewissenhaft erledigt. Erst Wochen später erkennt sie den Quitmove als wiederkehrendes Verhaltensmuster bei Malus. Bei jeder beginnenden Kontroverse verlässt er direkt den Raum oder erstickt den Konflikt im Keim, indem er wieder sein »Komm, lass gut sein« sagt. Und dann fängt etwas völlig Merkwürdiges an: Malus meidet neuerdings jeden Blickkontakt mit Iris, selbst wenn er wichtige Aufgaben mit ihr bespricht. Das geht sogar so weit, dass sein seltsames Verhalten einem Kunden im Meeting auffällt und er es offen bei Iris anspricht. Aus Sorge vor Konsequenzen für die Agentur verteidigt und rechtfertigt sie Malus und spielt die Angelegenheit herunter. Aber der Kunde hat gesehen, was er gesehen hat, und sagt: »Dein Chef hält dich mit seinem Verhalten klein. Lass das nicht mit dir machen.«

Erst dieser Satz öffnet Iris die Augen für das eigentliche Problem. Malus' Verhalten zielt die ganze Zeit darauf ab, dass sie die Gründe für sein abweisendes und seltsames Verhalten nur bei sich selbst suchen soll. Und mit dem daraus resultierenden schlechten Gewissen soll sie seine Aufmerksamkeit zurückerobern, indem sie sich kaputt arbeitet. Ihr Vorgesetzter war also ein richtig krasser Quitmover!

In einem Machtgefälle zwischen Vorgesetzten und Angestellten ist der Quitmove ein ziemlich leichtes Spiel für die mächtigere

Person. Aber es gibt in jeder Beziehung eine Art Machtgefälle, selbst in Freundschaften und in der Liebe. Die Begriffe Hochstatus und Tiefstatus lernt man als erste Grundlagen im Schauspielstudium. Gemeint ist damit nicht unbedingt der soziale Status. Stell dir vor, du bist heute schlecht gekleidet und vorhin auch noch in Hundescheiße getreten, die so übel stinkt, dass dir selbst davon schlecht wird. Aber du musst in die U-Bahn. Die anderen Passagiere werden dich nicht als jemanden mit außergewöhnlich hohem sozialem Status sehen, eher das Gegenteil. Aber es ist nicht unwahrscheinlich, dass du in der Situation den Hochstatus in der U-Bahn hast, weil alle auf dich reagieren müssen. Sie suchen zwar Distanz zu dir, aber ihre Aufmerksamkeit richtet sich auf dich, und ihr Verhalten ist unmittelbar von deinem beeinflusst. Das ist der Hochstatus.

Im Tiefstatus hingegen würde man dich kaum wahrnehmen, selbst wenn du darum bittest, weil dir zum Beispiel jemand den Fahrplan erklären soll. Im ersten Jahr eines Schauspielstudiums lernt man, diese Statusverhältnisse zu verstehen und bewusst herzustellen. Zunächst gibt es dafür ganz simple Übungen, zum Beispiel sollen zwei Person auf der Bühne aufeinander zugehen und irgendwie aneinander vorbeikommen. Bei den ersten Versuchen glauben die meisten, sie würden sich in den Hochstatus spielen, indem sie das Gegenüber zum Ausweichen zwingen. Dann aber bemerken sie, dass es viel effektiver ist, die andere Person großzügig vorbeizulassen. Anstrengung macht nämlich klein und Güte groß. Es fühlt sich paradox an, aber durch solche Schauspielübungen gelangt man zu der Erkenntnis: Wer um den Hochstatus kämpft, gelangt in den Tiefstatus. Wem es zutiefst egal ist, der gelangt in den Hochstatus. Ein typischer Satz aus diesem Grundlagenunterricht lautet auch: »Den König spielen die anderen.«

Du siehst, worauf der ganze Hoch- und Tiefstatus-Exkurs abzielt: Iris hat Malus als König gespielt, weil sie mit ihrem Verhalten eine Reaktion von ihm beziehungsweise überhaupt erst einmal seine Aufmerksamkeit erlangen wollte. Während er durch seinen Quitmove den Gegenpart übernahm: Iris und ihr Problem waren ihm offenbar zutiefst egal, oder wenigstens tat er so, als ob, damit sie sich weiterhin wie die Untertanin des Königs verhielt.

Und so ein Statusgefälle gibt's eben überall. Während wir zum Beispiel an diesem Buch schreiben, trifft uns ein Nachbar und sieht uns den Schreibmarathon deutlich an. Als wir ihm sagen, dass wir zurzeit an unserem Buch sitzen, erzählt er uns von einem Bekannten, der ein noch viel dickeres Buch geschrieben hat. »Fühlt euch nicht besonders.« Und damit lässt er uns stehen. Quitmove-King!

Wir mögen einander und müssen laut über seine Aktion lachen. Aber diese kleinen Momente, die vielleicht manchmal wenigstens teilweise ernst gemeint sind, etablieren in jeder Freundschaft und in jeder Liebesbeziehung das eine oder andere Statusgefälle. Eine Person will meist mehr von der anderen als umgekehrt. Mehr Aufmerksamkeit, mehr Bestätigung, mehr Liebe. Und die Person, die davon weniger benötigt, ist deshalb eher dazu verführt, bei Gelegenheit einen Quitmove abzuziehen. Denn das ist so schön bequem, es spart Arbeit, und die andere Person bewegt sich »freiwillig« noch tiefer in die emotionale Abhängigkeit.

Und neben der bequemen Machtausübung ist der Quitmove, wie sein Name schon sagt, natürlich auch noch bestens geeignet, um schnell abzuhauen, wenn es eng wird. Michael Scott aus der Mockumentary-Serie *The Office* ist das Paradebeispiel eines solchen Quitmovers. In einem Basketballspiel mit seinen Mitarbeitern ist er der Grund, weshalb sein Team ständig verliert. Er spielt komplett beschissen und führt sich dabei maximal dominant auf. Genau wie im Büro. Als er dann leicht am Kopf berührt wird, schreit er wehleidig auf, zieht schmerzverzerrte Grimassen und fragt den Gegenspieler, was denn sein Scheißproblem sei, warum er grundlos zuschlage? Klarer Fall von Opfer-Shitmove! Aber Michael wartet gar keine Antwort ab, sondern beendet sofort das Spiel mit einem Quitmove: »Lasst uns fair bleiben, das Spiel ist vorbei!« Damit verlässt er das Spielfeld.

Der wirkliche Grund für seinen Quitmove war, dass es schlecht für sein Team aussah. Also suchte er nach einer Gelegenheit, aus dem Spiel zu flüchten und die volle Verantwortung seinem Gegenspieler zuzuschieben. Iris sieht da ein paar Ähnlichkeiten mit Malus ... Ob du den Quitmove nun also nutzt, um eine Person im Tiefstatus bequemerweise in ihren ungeklärten Gefühlen köcheln zu lassen, oder ob du abhaust, weil es für dich nicht gut aussieht, beide Varianten haben die Gemeinsamkeit, dass du dich aus der Verantwortung stiehlst. Und deshalb hat der Quitmove letztlich auch eine schädliche Langzeitwirkung auf den Quitmover selbst.

Verantwortung abzulehnen, wird in den meisten Kontexten als Charakterschwäche angesehen. Im Job leidet die Teamfähigkeit unter einem Quitmover-Chef. Denn dass es sich bei solchen Manövern auch um eine Form von Flucht handelt, wird für alle Beteiligten mit der Zeit eindeutig erkennbar. Egal wie selbstsicher und autoritär der Quitmover dabei auftritt. In der Konsequenz leidet er dann häufig ungewollt an seinen eigenen Machtspielen, weil er die langfristigen Folgen unterschätzt: Wer immer nur wegrennt, verliert das Vertrauen in die eigene Fähigkeit, Probleme zu lösen. Und früher oder später wird er mal in eine Lebenssituation kommen, in der er auch mit einem Quitmove nicht mehr flüchten und die anderen immer einfach auflaufen lassen kann, weil er auf ihre Unterstützung angewiesen sein wird. Um die zu erhalten, muss er zwischenmenschliche Beziehungen herstellen und pflegen, wofür er wiederum seine Resilienz braucht, also eine Art psychische Belastbarkeit selbst unter starkem Druck. Aber die wird zu diesem Zeitpunkt längst verkümmert sein. *Karma is a bitch.*

WIE KANNST DU VOR DEM QUITMOVE FLÜCHTEN?

Indem du dem Quitmover klar die Verantwortung zuteilst, die er hat. Iris wünscht sich, sie hätte nicht einfach das Büro verlassen, sondern dem Chef entgegnet, dass die Kapazitätsplanung in seinem Verantwortungsbereich liegt und er dafür eine Lösung finden muss. Sie hätte sogar gern angeboten, mit ihm gemeinsam eine bessere Struktur zu erarbeiten, die auch ihm das Arbeitsleben erleichtert.

Und auch in einer Beziehung tragen beide Verantwortung. Wenn eine Person sich unvermittelt dem Streit entzieht und sogar den Raum verlässt, kann es helfen, dieses Verhalten bei späterer Gelegenheit noch mal konstruktiv anzusprechen. Versuche den Quitmove, den du beobachtet hast, ohne Wertung oder Urteil zu beschreiben. Idealerweise kann der Quitmover dadurch nachvollziehen, wie das Fluchtmuster zustande kommt und was es im Gegenüber auslöst.

Du kannst auch schon direkt während der Flucht sagen: »Ich sehe, dass du jetzt den Raum verlässt und das Gespräch beenden willst. Ich verstehe es, wenn du Zeit zum Nachdenken brauchst, die brauche ich auch. Aber ich möchte, dass wir das Problem gemeinsam lösen.« Das mag erst mal sehr therapeutisch klingen, aber es kann speziell beim Quitmove wahre Wunder wirken, denn denk an die Hochstatus- und Tiefstatus-Dynamik: Dem Quitmover hinterherzurennen oder stärkere Bedürfnisse zu haben als er, wird ihn noch weiter in den Hochstatus und dich noch weiter in den Tiefstatus bringen. Der ultimative Trick, um schnell selbst in den Hochstatus zu gelangen, lautet Güte. Sprich warm und zugewandt, zeig Verständnis und dann lass ihn gehen. Du musst noch nicht mal Machtspielchen spielen, wer dann zuerst angekrochen kommt. Du bist mit deiner ganzen Güte im Hochstatus, wann du wohin gehst und wie du dich dabei verhältst, ist unabhängig vom Verhalten des Quitmovers.

Diese ganze Hochstatus-Strategie kann aber nur in zwischenmenschlichen Beziehungen fruchten, in denen mehr als nur der Job das Bindeglied ist. Bei einem Machtgefälle wie zwischen Malus und Iris kommt als letzte Lösung, wenn alles andere nicht geholfen hat, meistens nur ein Schritt in Frage, nämlich der ultimative Quitmove: Kündigung.

KURZFASSUNG
#18 QUITMOVE – Der taktische Rückzug

Ziel des Quitmoves
- Die Schuld am Streit liegt komplett beim Gegenüber.

Vorbereitung
- Hat dein Gegenüber schon ein paar klare Shitmoves (oder einen besonders beschissenen) benutzt?
- Falls nicht, steht gerade ein Vorwurf gegen dich oder eine Forderung an dich im Raum?

Ausführung
- Resigniere seufzend und mit demonstrativem Bedauern.
- Dein Gegenüber ist einfach zu unfair oder verlangt zu viel.

Abschluss
- Du bist nicht unterlegen, sondern zu reif für den Streit.
- Schade, dass dein Gegenüber so aggressiv und dominant ist.

Antwort
- Mache deutlich, dass der Quitmove das eigentlich unreife Verhalten ist.
- Bestehe nicht unbedingt auf eine Fortsetzung des Gesprächs.
- Wenn dein Gegenüber sich bereit fühlt, Mitverantwortung in eurer Kommunikation zu tragen, kann es weitergehen.

#19

SABOTAGE SHITMOVE

💩

Der Boykott

Iris:	»Kommen wir zum Sabotage-Shitmove.«
Matthias:	»Was meinst du damit?«
Iris:	»Na, dass wir jetzt den Sabotage-Shitmove erklären!«
Matthias:	»Ich verstehe noch nicht ganz?«
Iris:	»Stellst du dich blöd?«
Matthias:	»Was meinst du damit?«
Iris:	»Matthias!«

Hast du schon einmal mit einem Kollegen zusammengearbeitet, der eine absolute Katastrophe ist und nur Chaos und Verwirrung hinterlässt? Ja? Dann könnte es sein, dass er ein CIA-Agent ist. Es gibt nämlich ein Handbuch, das beschreibt, wie man Organisationen und Unternehmen durch absichtlich schlechte Arbeit sabotieren kann. Das *Simple Sabotage Field Manual* wurde im Zweiten Weltkrieg vom Office of Strategic Services (OSS), dem Geheimdienst des US-Kriegsministeriums, entwickelt, um die Feinde von innen zu schwächen. Das Handbuch wurde an stinknormale Leute übergeben, die auf der Seite der Amerikaner standen, aber in den von den Achsenmächten besetzten Gebieten lebten. Du liest richtig. Menschen wurden für ihre schlechte Arbeit bezahlt und waren darin richtig gut!

Falls also dein Kollege dich demnächst wieder in den Wahnsinn treibt, steckt vielleicht in Wirklichkeit ein destruktives Genie dahinter! Tatsächlich liest sich das Handbuch wie ein typischer Tag im Büro, aber es ist auch in großen Teilen die perfekte Anleitung für den Sabotage-Shitmove. Immer da, wo es darum geht, Prozesse zu verlängern und möglichst anstrengend für alle zu machen: »Setze Meetings an, wenn eigentlich wichtigere Arbeit zu tun wäre«, »Sprich so häufig wie möglich und sehr ausführlich«, »Bringe so häufig wie möglich irrelevante Themen zur Sprache«.

Warum das so effektiv ist? Weil es so nervt! Die Person geht ständig voller Ernsthaftigkeit in irrelevante Details, bis sie dich damit um den Verstand bringt. Teams werden zerbrechen an ihrem Frust, da ihre Zeit und Energie mit belanglosen Dingen verschwendet werden. Wie schnell ein Arbeitsprozess stagniert und alle den Fokus verlieren, wird klar, wenn man sich mit so etwas aufhalten muss: »Feilsche über präzise Formulierungen von

Mitteilungen, Protokollen und Beschlüssen.« – Könnte das der Grund sein, warum wir in deutschen Ämtern so wahnsinnig werden? Sind sie feindlich unterwandert und merken nichts davon?

Und endlich ist auch das ewige Rätsel der vielen inkompetenten CEOs gelöst, denn das Handbuch wendet sich auch gezielt an Manager und rät ihnen: »Um die Moral und damit auch die Produktion zu senken, sei nett zu ineffizienten Arbeitern; gib ihnen unverdiente Beförderungen. Diskriminiere effiziente Arbeiter; beschwere dich ungerechtfertigt über ihre Arbeit.«

Wie effektiv der Sabotage-Shitmove in einer Auseinandersetzung sein kann, zeigt uns mal wieder Mitch Fifield, der ehemalige australische Senator, den wir bereits beim Label-Shitmove kennengelernt haben, als er sich gegen das Mansplaining-Label gewehrt hat. Diesmal ist er 2018 zu einer Anhörung im Senatsausschuss geladen, es geht um Subventionskürzungen für den australischen Sender ABC. Auf die Frage: »Denken Sie als Kommunikationsminister, dass es vernünftig ist, mit einer Budgetkürzung für ABC zu drohen?«, antwortet er spitzfindig, dass er selbst gar nicht die ABC bedrohe. Auch unnötige Spitzfindigkeiten gehören zum Standard-Arsenal des Sabotage-Shitmoves.

Die Senatorin erwidert daraufhin, dass sie ihn auch nicht persönlich meine. Und er antwortet: »Das war Senator Liberty. Ich bin für nichts verantwortlich, was Sie sagen, und für nichts, was Senator Keneally sagt, und für nichts, was Senator Hanson sagt, und für nichts, was Senator Hinch sagt, und für nichts, was Senator Leyonhjelm sagt, und für nichts, was Senator Griff sagt, und für nichts, was Senator Patrick sagt …«, bis die Senatorin ihn entnervt stoppt und sagt: »Hab's verstanden. Wir könnten den ganzen Tag hier sein und die Liste der Senatoren durchgehen.« Sie geht dann auch zum nächsten Punkt über, und Mitch Fifield hat vorerst erreicht, dass nur über das gesprochen wird, was ihn direkt betrifft.

WAS KANN DER SABOTAGE-SHITMOVE?

Chaos verursachen und Zeit gewinnen. Er ist das Gegenteil vom Quitmove, er beendet nicht die Situation, sondern er geht ganz tief rein. So tief, dass es für alle unerträglich wird. Jedes unnötige Detail wird genauestens besprochen, um das Gegenüber abzulenken und aus der Konzentration zu bringen. So kannst du wirklich Menschen in den Wahnsinn treiben. Oder in die Kapitulation, weil sie sich von der Belastung erholen müssen.

Hast du schon mal den Begriff Filibuster gehört? Auch das ist eine Form von Sabotage-Shitmove, die sich besonders im US-Senat etabliert hat. Wo auch sonst? Das Ziel ist, Beschlüsse der Gegenseite, die man nicht mehr verhindern kann, stattdessen eben hinauszuzögern, indem man stundenlange Reden über absolute Belanglosigkeiten hält. Das Wort stammt vom spanischen *filibustero*, was so viel wie Freibeuter oder Pirat bedeutet. Also eine Art parlamentarische Piraterie, mit der die Redezeit gekapert wird, um alle zu zermürben. Der Sabotage-Shitmove ist verdammt mächtig, dafür dass er von jedem ohne rhetorische Vorkenntnisse eingesetzt werden kann. Denn schlecht streiten können wir alle. Das erfordert keine komplizierten Techniken oder speziellen Manipulationsschulungen, sondern lediglich die Fähigkeit, auf subtile Weise zu stören und aufzuhalten. Weil sich das überall und von allen ganz einfach anwenden lässt, war es eine so erfolgreiche Strategie des OSS, Sabotage für den einfachen Bürger in ein Handbuch zu packen. Wir alle hatten doch diese eine Person in der Klasse, die sich verhalten hat, als hätte sie diese Regel aus dem Handbuch tief verinnerlicht: »Tu so, als ob du die Anweisungen schwer verstehst, und bitte darum, dass sie mehr als einmal wiederholt werden. Oder tu so, als ob du besonders besorgt bist, deine Arbeit richtig zu machen, und belästige den Vorgesetzten mit unnötigen Fragen.«

Und wir alle wussten, dass diese Person gerade einfach nur provozieren wollte. Aber was ist dadurch im ganzen Raum passiert? Das Niveau war im Sturzflug, und alle mussten sich anpassen.

Dieser Shitmove wird besonders gern von Personen genutzt, die Widerstand gegen ein System, eine Obrigkeit oder gegen Kontrolle leisten möchten. Wenn man sich in einer hitzigen Debatte befindet, kann das Verlangsamen des Gesprächs oder das Stellen unnötiger Fragen dazu führen, dass der andere Gesprächspartner aus dem Tritt gerät oder sogar die Geduld verliert. In einer Gruppendiskussion kann es dazu führen, dass die Dynamik immer schwächer wird, weil sich alle auf den Sabotage-Shitmover konzentrieren müssen. So wird das eigentliche Ziel der Diskussion aus den Augen verloren, und alle sind frustriert. Der Sabotage-Shitmove kann auch dazu verwendet werden, Konflikte zu schüren und Spannungen zwischen Personen oder Gruppen zu erhöhen. Das erleben wir besonders oft in Polit-Talkshows. Aber um noch mal ein Beispiel zu bringen, das nicht in der Politik oder am Arbeitsplatz stattfindet:

In der Beziehung eines Paares, mit dem wir befreundet sind, provoziert John gern seine Freundin Jane mit dem Sabotage-Shitmove, um ihr damit über lange Zeit etwas heimzuzahlen. Sie hat sich nämlich mal darüber beschwert, dass er nicht angerufen hat, als sie es erwartet hat. Und seit diesem Streit, den die beiden deshalb hatten, meldet er sich demonstrativ jeden Tag um exakt diese Uhrzeit bei Jane. Vielleicht wird daraus mal ein romantisches Ritual bei den beiden, aber zunächst ist sein offensichtliches Ziel, ihr durch Frust abzugewöhnen, dass sie sich noch mal so beschwert. Klarer Sabotage-Shitmove!

WIE WEHRST DU DICH GEGEN DEN SABOTAGE-SHITMOVE?

Lass dich möglichst nicht provozieren. Wenn jemand versucht, das Gespräch zu verlangsamen oder unnötige Fragen zu stellen, kannst du höflich darauf hinweisen, dass du gerne vorankommen willst und dass das Thema relevant bleiben soll. Pass auf, dass du dabei nicht passiv-aggressiv klingst, sondern bleib zugänglich. – Ja, wir wissen, wie schwer das sein kann, wenn jemand permanent Chaos verursachen möchte und dich eigentlich damit angreift.

Falls du diese Zeilen gerade liest, während du eigentlich in einer Polit-Talkshow sitzt und nur deshalb zum Buch gegriffen hast, weil gerade der Sabotage-Shitmove in der Talkrunde eskaliert, dann empfehlen wir dir, dich weiterhin nicht an dem Chaos zu beteiligen! Der Griff zu unserem Buch war schon mal eine gute Entscheidung, denn so verschwendest du nicht deine Zeit. Und du verhältst dich physisch auffällig, ohne unangenehm zu stören, so dass dich eine aufmerksame Moderation hoffentlich fragt, ob du kein Interesse mehr an der Diskussion hast. Wenn das passiert, lass dir für deine Antwort selbst genug Zeit, beherrsche das Chaos durch eigene Ruhe und dann stelle erst mal Regeln auf, die für dich wichtig sind, um weiter interessiert zu bleiben. Mache keine Vorwürfe, sondern formuliere konstruktiv, was für dich die Grundlage für die Diskussion sein müsste.

Kommen wir zu unserem Lieblingstipp: Versuche, die Situation vor allem mit Humor für dich zu gewinnen. Die stärkste Kraft gegen destruktive Methoden ist gemeinsames Lachen. Und im besten Falle reflektiert der Sabotage-Shitmover sogar sein Verhalten. Funktioniert das aber überhaupt nicht, wäre es ratsam, die Person zu konfrontieren und ihre Motive zu hinterfragen. Warum macht sie das? Gibt es vielleicht sogar wirklich berechtigte Bedenken, und sie ist einfach nur verdammt schlecht darin, konstruktiv zu bleiben? Wenn ja, dann versuche, die Rolle des konstruktiven Parts einzunehmen, um die Person für dich zu gewinnen.

Und falls auch das nicht klappen sollte, dann bleibt nur die letzte und harte Methode übrig: Ignorieren. Indem man das Verhalten einfach nicht weiter beachtet und stattdessen zum nächsten Punkt übergeht, kann man dem Sabotage-Shitmover signalisieren, dass sein Verhalten keinen Einfluss auf den Fortgang der Diskussion hat. Wenn die Person merkt, dass sie keine Aufmerksamkeit mehr bekommt, kann es sein, dass sie ihr Verhalten ändert oder es irgendwann aufgibt.

KURZFASSUNG
#19 SABOTAGE-SHITMOVE – Der Boykott

Ziel des Sabotage-Shitmoves
- Du schindest Zeit und stiftest Chaos.
- Dein Gegenüber verausgabt sich ohne Erfolg.

Vorbereitung
- Schenke allen unwichtigen Details viel Beachtung.

Ausführung
- Halte dich ewig an allem Irrelevanten auf.
- Stell dich quer und bitte um Wiederholungen.
- Sei möglichst haarspalterisch. Bezeichne völlig valide Vergleiche als hinkend und weise auf Unterschiede hin.

Abschluss
- Zieh die Nummer so lange durch, bis du dein Ziel damit erreicht hast.

Antwort
- Bewahre die Ruhe und lass dich nicht provozieren.
- Stelle klare Regeln für den weiteren Verlauf auf.
- Hinterfrage die Motive der anderen Person und gewinne sie für dich.
- Wenn das alles nicht hilft: Ignoriere sie fortan konsequent.

#20

TROTZ MOVE

Das letzte Wort

Iris:	»Ich hasse den Trotzmove.«
Matthias:	»Du musst ihn jetzt trotzdem aushalten.«
Iris:	»Dann mach schnell.«
Matthias:	»Der geht nicht schnell.«
Iris:	»Doch, klar! Du hast einfach das letzte Wort und fertig.«
Matthias:	»Damit ist er noch lange nicht fertig.«
Iris:	»Was fehlt denn dann noch?«
Matthias:	»Kleinigkeiten.«
Iris:	»Ja, die beschreiben wir dann wieder.«
Matthias:	»Nein, die demonstrieren wir jetzt hier.«
Iris:	»Dann mach schnell.«

Matthias:	»Ich sag doch, es geht nicht schnell.«
Iris:	»Wieso nicht?«
Matthias:	»Merkst du das nicht?«
Iris:	»Doch, leider.«
Matthias:	»Na also. Hatte ich doch recht.«
Iris:	»Aber trotzdem.«
Matthias:	»Trotzdem was?«
Iris:	»Trotzdem hasse ich den Trotzmove.«
Matthias:	»Dann hör doch auf, ihn zu machen.«
Iris:	»Das ist wie ein Sketch von Monty Python.«
Matthias:	»Nein, ist es nicht.«
Iris:	»Doch, ist es.«
Matthias:	»Nein, ist es nicht.«
Iris:	»Willst du das ernsthaft so durchziehen?«
Matthias:	»Hab kein Problem damit.«
Iris:	»Das zersprengt total unsere Struktur.«
Matthias:	»Mir doch egal.«
Iris:	»Hat man ihn nicht längst gecheckt?«
Matthias:	»Das ist auch Teil des Trotzmoves.«
Iris:	»Was?«
Matthias:	»Etwas zu erklären, was längst verstanden wurde.«
Iris:	»Und etwas zu verlangen, was der andere längst tut?«
Matthias:	»Exakt!«
Iris:	»Dann mach weiter.«
Matthias:	»Mach ich doch.«
Iris:	»Mach trotzdem.«
Matthias:	»Der Trotzmover will also immer das letzte Wort haben.«
Iris:	»Nein, will er nicht.«

Matthias:	»Okay, also widerspricht er einfach immer nur stur.«
Iris:	»Nein.«
Matthias:	»Du sagst jetzt aus Trotz nur noch nein, stimmt's?«
Iris:	»Nein.«
Matthias:	»Gut, also der Trotzmove gesteht dem anderen aus Prinzip nichts zu.«
Iris:	»Sag ich doch.«
Matthias:	»Das hast du nie gesagt.«
Iris:	»Ich hab von Anfang an gesagt ›Mach schnell‹.«
Matthias:	»Warum bringst du dann trotzdem die ganze Zeit Trotzmoves?«
Iris:	»Tust du doch selber! Ah, der Trotzmover dreht einfach alles um.«
Matthias:	»Nein, tut er nicht.«
Iris:	»Er ist einfach richtig anstrengend.«
Matthias:	»Sag ich doch.«
Iris:	»Das hab ich gesagt!«
Matthias:	»Nein, du hast von Anfang an gesagt ›Ich hasse den Trotzmove‹.«
Iris:	»Was tut man denn jetzt gegen den Trotzmove?«
Matthias:	»Ihm das letzte Wort lassen.«

Der Trotzmove ist dermaßen schlicht und stur, dass eine längere Analyse sich wirklich wie eine Farce anfühlt. Aber trotzdem ist er energiezehrend und mächtig. Denn du kannst jemanden längst argumentativ besiegt haben, aber er hat immer noch das letzte trotzige Wort.

Das britische Comedy-Kollektiv Monty Python hat in vielen Sketchen gezeigt, wie schwer es ist, mit einem Trotzmover zu diskutieren. Am treffendsten illustriert das der Kampf gegen den schwarzen Ritter im Film *Monty Python and the Holy Grail*. Der schwarze Ritter will immer weiterkämpfen, selbst wenn ihm Arme und Beine nacheinander abgehackt werden. Er hat nie genug. Selbst als er als bewegungsunfähiger Torso zurückgelassen wird, ruft er seinem Gegner hinterher, dass der nur feige aus dem Kampf flüchte, er solle zurückkommen und sich von ihm beißen lassen.

Der typische Trotzmover verhält sich in Auseinandersetzungen exakt wie dieser Ritter und veranschaulicht damit eine der drei zentralen Motivationen für Shitmoves, die wir zu Beginn definiert haben: Angst vor einer Niederlage! Das Eingeständnis, im Unrecht zu sein, kann sich manchmal wie ein derartig unzumutbarer Verrat an der eigenen Identität anfühlen, dass man stattdessen lieber »trotzdem« sagt und sich keinen Millimeter von der eigenen Position wegbewegt.

ES HILFT TROTZDEM NICHTS GEGEN DEN TROTZMOVE

Selbst Empathie bringt uns bei diesem speziellen Shitmove nur in den seltensten Fällen weiter. Du kannst natürlich erst mal mit aufrichtigen Fragen probieren, den Trotzmover zu gewinnen.

Aber wenn sich jemand fest geschworen hat, die eigene Position gegen jede Einladung und jede Vernunft mit stumpfem Trotz zu verteidigen, dann muss deine Priorität bei der Schonung deiner Energie und Nerven liegen. Wenn du zu viele Versuche startest, die andere Person zu bewegen, die partout nicht will, verlierst du nach und nach deine Souveränität. Finde einen eleganten Ausstieg aus der Situation, aber lass dem Trotzmover das letzte Wort. Er braucht es offensichtlich dringender als du. Der letzte Ausweg des verzweifelten Shitmovers ist der Trotzmove.

KURZFASSUNG
#20 TROTZMOVE – Das letzte Wort

Ziel des Trotzmoves
- Der gegnerische Punkt zählt nicht.
- Du treibst dein Gegenüber in den Wahnsinn.

Vorbereitung
- Du befindest dich in einer argumentativen Sackgasse oder hast eigentlich schon verloren.
- Eine wirkliche Vorbereitung brauchst du trotzdem nicht.

Ausführung
- Du hast schlicht trotzdem recht oder zumindest nicht unrecht.
- Formuliere das in einem knappen, selbstbewussten Kommentar.
- Behalte immer das letzte Wort, als hättest du gewonnen.

Abschluss
- Du bist niemandem eine Begründung schuldig.
- Bleib stur, du kannst das Spiel unendlich fortsetzen.

Antwort
- Versuche, mit Fragen den Kreislauf zu durchbrechen.
- Verausgabe dich nicht! Ein Profi-Trotzmover hat Ausdauer, also steige nach zwei bis drei Versuchen konsequent aus.

KAPITEL 3
UNERHÖRTE SHITMOVES

Manipulationstechniken haben eine Gemeinsamkeit mit Pupsen: Die lautlosen sind oft die schlimmsten. Allerdings müssen die unerhörten Shitmoves im folgenden Kapitel nicht immer lautlos sein. Sie kommen halt oft ohne Sprache oder wenigstens ohne bestimmte Worte aus. Unerhört, also unverschämt, sind sie natürlich trotzdem, ebenso wie die rhetorischen Shitmoves, die wir hiermit abschließen.

Weil unsere Sammlung vollständig ist? Gibt es wirklich keine weiteren rhetorischen Shitmoves mehr? Oh doch, ganz klar! Uns sind im Schreibprozess auch immer weitere eingefallen, aber Vollständigkeit war nie unser Ziel, sondern etwas ganz anderes. Und das möchten wir hier noch mal etwas genauer formulieren als im ersten Kapitel, bevor wir uns den Pupsen widmen. Und zwar geht's um eine Superkraft, die insbesondere der Label-Shitmove verleiht:

Manipulationstechniken zu erkennen und zu benennen – wenn auch nur im Stillen –, ist eine Ermächtigung. Man könnte die

Formel *Don't get owned by the label, own it* auf das gesamte Konzept der Shitmoves übertragen: Lass dich nicht vom Shitmove besitzen, sondern besitze ihn. So befreist du dich von seiner Macht oder schaffst zumindest die Grundlage dafür. Das ist das eigentliche Ziel.

Und dafür musst du eben nicht die Namen und Analysen jeder einzelnen Variante auswendig lernen und die jeweils passende Reaktion sofort parat haben. Wenn das der Anspruch wäre, hätten Shitmoves auch noch zusätzliche Macht über dich: Jede Auseinandersetzung würde zu einer Prüfungssituation, und du würdest dich unnötig unter Leistungsdruck setzen. »Wenn mein Gegenüber einen alten, längst geklärten Streit aufwärmt, ist das dann ein Storytime-Shitmove oder ein Shiftmove? Oder gibt's einen Antiquarischen Shitmove als Begriff dafür? Mist, jetzt hab ich verpasst, auf den Twistmove mit dieser eleganten Frage zu reagieren …«

Mit reiner Theorie, egal wie gut sie durchdacht ist, kann niemand in der Praxis bestehen. Mit 14 hat Matthias mal versucht, sich selbst Karate beizubringen. Durch ein Buch! Dass er damit den schwarzen Gürtel nicht erreichen würde, war ihm ziemlich schnell klar. Also versuchte er es mit verschiedenen Kampfsportschulen. Sein großer Traum war, später mal Bruce Lee zu werden. Dieses Ziel hat er zwar haarscharf verpasst, aber er hat genügend Stile ausprobiert, um eine zentrale Erkenntnis mitzunehmen. Das Training ist immer nutzlose Zeitverschwendung, wenn es dir spezielle Abwehrtechniken auf spezielle Angriffe vermitteln will. »Will dich jemand ins Gesicht schlagen, dann mach diesen Block. Also vorausgesetzt, der Schlag kommt von vorne. Ansonsten mach diesen seitlichen Block hier. Aber wenn es ein Kinnhaken ist, dann weiche nach hinten aus …« Und in der Realität kommt dann ein Kick in den Bauch, während du gerade fragen möchtest, auf welchen Schlag du dich eigentlich vorbereiten darfst.

Ähnlich schmerzhaft kann es ausgehen, wenn das Parieren von Shitmoves nur auswendig gelernten Regeln folgt. Wirklich sinnvolles Training hilft dabei, effektive Prinzipien zu verinnerlichen und dadurch im Ernstfall gelassener zu bleiben. Nur so kannst du überhaupt halbwegs im Moment reagieren. Und für den Anfang reicht ein einziges Prinzip bei unfairen Taktiken völlig aus. Nämlich zu sagen: »Das war jetzt aber ein Shitmove!« – Welcher genau, warum du das so siehst und wohin es von hier aus gemeinsam gehen soll, kannst du danach entscheiden. *Name it and tame it* heißt nicht, dass du den korrekten Begriff augenblicklich parat haben musst.

Die Methode hat aus zwei Gründen gute Erfolgschancen. Erstens weil du damit dein Gegenüber nicht persönlich angreifst. Du kritisierst nicht den Menschen, sondern die Kommunikation. Und zweitens weil das Wort Shitmove weder zu lasch ist, um einfach ignoriert zu werden, noch zu abgehoben, so dass sich dein Gegenüber belehrt fühlen muss. Wenn du dich beschwerst, dass ein Seitenhieb unnötig gewesen sei, kann man dich belächeln. Wenn du erklärst, dass du keine anekdotische Beweisführung akzeptierst, erntest du vielleicht nur ein genervtes Augenrollen. Nein, da kam gerade schlicht und einfach ein Shitmove, und es ist völlig legitim, sich kurz Zeit zu nehmen, um ihn gemeinsam aus der Welt zu räumen.

Und wenn dieses Prinzip für rhetorische Shitmoves funktioniert, für die du anschließend ja tatsächlich präzisere Begriffe finden kannst, um dein Anliegen noch besser zu erklären, dann funktioniert es natürlich erst recht für unerhörte Shitmoves. Kommen wir nun also zu den Pupsen.

1. LAUTLOSE SHITMOVES

Shitmoves durch Gestik und Mimik

DER UNERHÖRT LIEBE SHITMOVE

Alle Achtung, jetzt hast du schon so viele Seiten gelesen, wenn du hier angelangt bist. Fein gemacht, du bist ganz doll fleißig. – Gut, die rhetorische Variante des lieben Shitmoves hatten wir. Aber stell dir vor, du stehst uns physisch gegenüber, und statt dich mit diesen Worten kleinzuloben, kneifen wir dich in die Wange, tätscheln deinen Kopf und hauen dir mal so richtig kräftig auf die Schulter. Wortlos. Unsere Lippen sind dabei etwas mitleidig gespitzt, und unseren Kopf haben wir leicht nach hinten geneigt, so dass unser Blick auf dich nach unten gerichtet ist, als würden wir sanft von oben auf dich herabschauen. Das klappt sogar, wenn du deutlich größer bist als wir. Die als Kompliment getarnte Überheblichkeit lässt sich ganz ohne Sprache kommunizieren. Wenn dir von irgendjemandem Elemente dieser Gestik und Mimik und das dazugehörige Unterlegenheitsgefühl bekannt vorkommen, dann hast du ab jetzt ein Wort dafür. Der unerhört liebe Shitmove.

Tatsächlich lässt sich vor viele der rhetorischen Shitmoves, die wir bis zu diesem Kapitel kategorisiert und getauft haben, das Wort »unerhört« stellen, um die nonverbale Variante davon zu bezeichnen. Denn das gesprochene Wort ist extrem überbewertet, wir kommunizieren unsagbar viel über Gestik und Mimik. Natürlich auch über den Einsatz unserer Stimme, aber dazu kommen wir dann im nächsten Part über laute Shitmoves.

Gehen wir aber zunächst noch die übrigen Typen von Shitmoves durch und schauen uns an, wie ihre unerhörten Varianten aussehen. Den effektiven Umgang damit können wir anschließend für alle lautlosen Shitmoves insgesamt betrachten. Also, welche Shitmoves hat allein unser Körper drauf?

DER UNERHÖRTE DISSMOVE

Stinkefinger – naheliegendes Beispiel! Das Arsenal der unerhörten Dissmoves ist je nach Kultur leicht unterschiedlich codiert. Die meisten dieser Attacken richten sich gegen den geistigen Zustand des Opfers, zum Beispiel das Tippen an die Stirn oder der Scheibenwischer vorm Gesicht. In anderen Fällen liegt das Ziel des unerhörten Dissmoves unter der Gürtellinie. Besonders Männer dissen einander in vielen Ländern durch Gesten als gehörnte Ehemänner, Schlappschwänze oder geben zu verstehen, dass sie gern ihre Hände oder ganze Arme in bestimmten Körperöffnungen des Gegenübers verschwinden lassen würden. Was natürlich als unerhörter Dissmove zu verstehen ist, denn das ist ja kein Angebot für gemeinsame Auftritte als Bauchredner-Duo, sondern die unerhörte Aussage: »Du verdienst null Respekt, dafür aber vulgäre Misshandlung!«

Der unerhörte Dissmove kommt aber manchmal auch ein bisschen subtiler daher, besonders über die Augen. Ein genervtes Augenrollen kann auch hervorragend als unerhörter Dissmove wirken, ebenso wie der sogenannte *Mouth Shrug*, also eine Art Schulterzucken mit dem Mund. Die Mundwinkel gehen dabei leicht nach unten, die Augenbrauen heben sich, und vielleicht kommt noch ein leichtes Kopfschütteln hinzu. Die unerhörte

Aussage ist in etwa: »Interessiert niemanden, was du sagst« oder auch »Deine Dummheit verdient keine Antwort«. Eine wegwerfende Geste mit der Hand sagt dasselbe. Wie auch immer der Dissmove verbal formuliert sein könnte, fast immer lässt er sich auch rein gestisch und mimisch kommunizieren.

DER UNERHÖRT KRANKE SHITMOVE

Jemandem zum Beispiel den Vogel zu zeigen, haben wir bewusst dem Dissmove zugeordnet. Denn das erfüllt ja nicht die wichtigste Rolle des kranken Shitmoves: die andere Person dahingehend zu manipulieren, dass sie selbst an ihre Unterlegenheit glaubt. Deshalb kann der unerhört kranke Shitmove sich nur über die Mimik ausdrücken. Wenn du das nächste Mal jemandem beim Erzählen zuhörst, probier einfach mal aus, den Kopf leicht zur Seite zu neigen und immer wieder mit verständnisvollem Blick zu nicken. Deine innere Stimme sagt dabei Dinge wie: »Ich weiß, du strengst dich echt an innerhalb deiner engen Grenzen. Du kannst doch auch nicht aus deiner Haut, du bist nun mal uralt und langsam unzurechnungsfähig« – je nach Gegenüber … Was der kranke Shitmove offen aussprechen würde, lässt sich in großen Teilen auch lautlos kommunizieren.

DER UNERHÖRTE QUASI-SHITMOVE

Auch Iris und Matthias haben Feinde – vielleicht keine große Überraschung nach einigen der Erfahrungen, von denen wir hier erzählt haben. Es gibt vermutlich nicht nur in der Kreativbranche Menschen, die ihre Missgunst gern über unerhörte Quasi-Shitmoves zum Ausdruck bringen. Zum Beispiel ist uns kürzlich eine Ex-Kollegin von Iris begegnet, die gehört hatte, dass wir an diesem Buch schreiben. Also sagte sie zu uns: »Dann seid ihr ja jetzt auch bald ›Autoren‹«, und malte dabei mit ihren Fingern Gänsefüßchen in die Luft. Ihre lautlose Aussage war vielleicht: »Ihr werdet sicher ein solches Scheißbuch schreiben, dass ihr euch nicht wirklich als Autoren bezeichnen dürft, hätte ich jetzt fast gesagt« – oder vielleicht auch: »Ich weiß, dass ihr 'nen Ghostwriter habt, aber ich will ja nichts sagen.« Diese kleine Geste wirkte genau wie ein verbaler Quasi-Shitmove, eigentlich sogar als noch konsequentere Form der *Apophasis*. Denn wenn der implizite Angriff auch noch lautlos kommuniziert wird, fühlt es sich wirklich unangebracht penibel an, diese Nebensächlichkeit offen anzusprechen.

DER UNERHÖRT SELEKTIVE SHITMOVE

Der Senator mit dem Schneeball hat eindrücklich illustriert, dass der selektive Shitmove auch lautlos funktionieren könnte. Natürlich brauchte er für seine Message zusätzlich auch Worte, denn die meisten Menschen kennen den Unterschied zwischen Wetter und Klima und finden sich ohne Gebrauchsanleitung in seinem bildungsfernen Weltbild nicht direkt zurecht. Aber ein unerhört selektiver Shitmove kann auch komplett lautlos funktionieren. Meist in Form einer deutenden Geste. Stell dir zum Beispiel vor, du führst Gäste durch dein Zuhause und erwähnst, dass du gründlich geputzt hast. Einer der Gäste fährt daraufhin mit seinem Finger über das oberste Regalbrett im Flur und zeigt dir den Staub. Der unausgesprochene Vorwurf: »Ach, und was ist das? Du lügst ja!« – ebenso wie der selektive Shitmove in seiner rhetorischen Variante Pauschalvorwürfe aufgrund ausgewählter Beispiele formuliert.

DER UNERHÖRTE TEAM-SHITMOVE

Hier erinnern wir uns vermutlich alle sofort spontan an Beispiele, die wir erlebt haben. Anders als beim rhetorischen Team-Shitmove muss das Team des Shitmovers für die unerhörte Variante anwesend sein, denn hier geht's vor allem um vielsagende Blicke an die anderen. Zum Beispiel ein stummes: »Wow, was für ein Idiot, oder?« Wer schon mal gemobbt wurde, weiß, dass solche Gemeinheiten nicht immer mit Worten einhergehen müssen, und vor allem, wie sie sich anfühlen.

Das amerikanische Comedy-Duo Key and Peele hat den unerhörten Team-Shitmove in einem Sketch auf den Punkt gebracht, in dem sich vier Männer an einem Tisch über ihren Filmgeschmack unterhalten. Einer von ihnen wagt es, seine vom Gruppenkonsens abweichende Meinung zu äußern, worauf die drei anderen sich gegenseitig über ihren Gesichtsausdruck versichern: »Was für ein Freak! So peinlich, oder?« Zunächst begleiten sie ihre Mimik noch mit einzelnen Worten wie »Awkward …« oder »Okay …« in entsprechendem Tonfall, aber der Abweichler tut genau das, was bei unerhörten Shitmoves besonders schwierig ist: Er spricht die Reaktionen der anderen immer wieder an und redet sich in Rage. Schließlich spitzt sich der Konflikt auf die Essenz des unerhörten Team-Shitmoves zu, denn sein Sitznachbar will immer wieder den Blick seines Teams suchen, aber der Protagonist lässt ihn nicht. Er packt sogar seinen Kopf und verhindert mit Gewalt diesen ständigen hilfesuchenden Seitenblick zu den anderen. Unter diesem Zwang bricht der Sitznachbar voller Scham in sich zusammen und offenbart die grundlegende Motivation hinter dem Team-Shitmove: das Kaschieren sozialer Unsicherheit. Denn er hatte noch nie eine eigene Meinung, er passt sich überall nur an die Gruppe an. Und Gruppendynamik funktioniert, wie man an solchen Beispielen sehen kann, immer auch über nonverbale Signale.

DER UNERHÖRTE HOLY SHITMOVE

Auch hier kann unsere Mimik ohne weiteres die Message ganz allein rüberbringen. Jemand wirft dir vor, dass du unfair streitest, und du sagst mit deinem Blick: »Aber selber!« Zum Beispiel, indem du deinen Kopf leicht nach vorne senkst und dein Gegenüber von unten anschaust, dann einmal die Augen bewusst langsam schließt und wieder öffnest und vielleicht noch einen Mundwinkel anspannst, als würdest du sagen »Echt jetzt? Das sagst ausgerechnet du?«. Voilà, ein unerhörter Holy Shitmove. Schön zu beobachten in jeder zweiten Polit-Talkshow.

DER UNERHÖRTE QUITMOVE

Alle kennen den sprichwörtlichen Elefanten im Raum. Aber hast du dich schon mal in seine Lage versetzt? Du stehst da, gewaltig und unübersehbar. Es ist unmöglich, dich zu ignorieren. Und dennoch tun alle so, als ob du nicht anwesend wärst. Und es ist nicht das erste Mal, dass dir das passiert. Du hast dich schon daran gewöhnt. Traurig, oder? Genau so fühlt es sich an, wenn du Opfer des unerhörten Quitmoves wirst. Das Auflaufenlassen ist die nonverbale Version dieses Manövers.

Dein Gegenüber tut so, als ob es dich nicht gäbe. Deine Gefühle werden bewusst ignoriert, und alles, was dir entgegenkommt, ist Schweigen. Du wirst zum lebendigen Monument der Missachtung. Iris hat ja diese unangenehme Erfahrung mit ihrem Vorgesetzten Malus machen müssen, der über mehrere Monate hinweg den rhetorischen und dann auch den unerhörten Quitmove anwandte. Ein andauerndes Statusspiel, mit dem er sie bewusst verunsichern und sich jeglicher Verantwortung in der gemeinsamen Kommunikation entziehen wollte.

Besonders häufig kommt der unerhörte Quitmove in Beziehungen zum Einsatz. Du sehnst dich nach Anerkennung, nach Verständnis und nach einem echten Austausch, doch stattdessen bekommst du das große Schweigen. Du wirst emotional vernachlässigt, fühlst dich klein und unsichtbar und fragst dich: »Warum werde ich so behandelt, was habe ich nur falsch gemacht?« Deine Selbstzweifel werden immer größer, und der eine Gedanke wird schließlich mächtiger als du selbst: Ich bin unbedeutend.

Oft kommt dieser Punkt in der Partnerschaft, wenn man vorher schon die meisten rhetorischen Shitmoves durchgespielt und sich dabei gegenseitig verloren hat. Matthias sagte mal mitten in einem heftigen Streit: »Aber Iris, du bist doch mein Mensch!« Und dann ertönte *My Heart will go on*, und beide fielen einander um den Hals. Nein, natürlich gab es keine Musik, und ja, es war noch ein langer Weg zur Versöhnung, aber die Richtung war durch diesen Satz wieder klar. Denn der Fokus wurde zurück auf das Wesentliche gelenkt: Auf die Bindung zweier Menschen, die sich sehr lieben.

Generell ist der unerhörte Quitmove ein ernstes Warnsignal. Wenn es schon so weit ist, dass er regelmäßig zum Einsatz kommt und sich das nicht mehr rückgängig machen lässt, ist der logische nächste Schritt die Kündigung oder die Trennung beziehungsweise in Freundschaften der Kontaktabbruch. Ansonsten wirst du mit hoher Wahrscheinlichkeit hinterher bereuen, nicht früher gegangen zu sein.

DER UNERHÖRTE TROTZMOVE

Ja, es ist sogar möglich, ohne Worte das letzte Wort zu haben. Ein leises Schnauben mit ganz kurz geschlossenen Augen kann vermitteln: »Sag doch, was du willst. Ich hab eh recht.« Ein Schulterzucken kann jedes noch so gute Argument einfach verpuffen lassen. Und du kennst sicher auch solche unangenehmen Auseinandersetzungen, in denen du genau weißt, dass du gerade etwas absolut Logisches erklärst, aber dein Gegenüber schüttelt beim Zuhören einfach kontinuierlich den Kopf. Du kannst dich wund reden, wenn deine Worte auf den unerhörten Trotzmove prallen. Natürlich auch, wenn du es mit der rhetorischen Variante zu tun hast. Aber hier wird noch mal der krasse Kontrast im Energieverbrauch sichtbar. Ein unerhörter Trotzmover braucht sich nicht mal anzustrengen, um diese Strategie durchzuziehen, während du dich komplett verausgabst.

WAS HILFT GEGEN LAUTLOSE SHITMOVES?

Auch die Auflistung der häufigsten lautlosen Shitmoves hat keinen Vollständigkeitsanspruch, aber das Prinzip liegt ja auf der Hand: Alles, was keine komplexen Zusammenhänge kommunizieren muss, wie zum Beispiel der Quellen-Shitmove oder der Storytime-Shitmove, lässt sich auch durch den sogenannten Subtext rüberbringen. Also den »Untertext«, der unausgesprochen unter dem Gesagten oder zwischen den Zeilen liegt und über nonverbale Signale gesendet und empfangen wird. Die Intention ist das wichtigste Element in der Kommunikation.

Und wenn wir die lautlosen Shitmoves schon mit Pupsen vergleichen, dann betrachten wir diese Analogie doch auch mit Blick auf die Reaktion der anderen Leute: Hast du schon mal in einem Aufzug oder im Flugzeug einen fahren lassen? Musst du dir Sorgen machen, dass irgendwer dich darauf anspricht? *Name it and tame it?* »Hier stinkt's! Wer war das?« – Im engsten Kreis kommt so was sicher vor, aber je weniger vertraut wir mit dem Gegenüber sind, desto unwahrscheinlicher ist es, dass die nonverbalen Shitmoves offen konfrontiert werden. Wie sollen wir also dagegen anstinken?

Unsere Empfehlung ist ein Training in Subtext-Kompetenz. Klingt kompliziert, macht aber großen Spaß, denn so was lernt man im Schauspielstudium. Ebenso wie bei den rhetorischen Shitmoves ist die wichtigste Voraussetzung, um eine andere Person für sich zu gewinnen, diese authentische Gelassenheit, die automatisch mit wachsender Kompetenz kommt. Je weniger du an diesem diffusen Gefühl leidest, dass hier gerade irgendetwas faul ist, sondern stattdessen treffsicher benennen kannst, woran genau es liegt, desto leichter wird es dir fallen, deinen Humor zu bewahren und konstruktiv zu bleiben. Also starten wir mit ein paar Schauspielübungen.

Stell dir vor, du stehst auf einer Bühne und musst deinem Gegenüber Folgendes sagen: »Ich liebe dich. Ich genieße jeden Moment mit dir. Du bist mein Leben.« Aber während du diese Sätze sagst, spielst du das emotionale Gegenteil: »Ich hasse dich. Jeder Moment mit dir ist eine Qual. Du bist mein Tod!« Fun Fact: Melania Trump macht diese Übung jeden Tag. Allein mit einem solchen Kontrast kannst du bereits die Aufmerksamkeit eines Publikums halten, weil in der Spannung des Widerspruchs viel mehr beobachtet und interpretiert werden kann, als wenn du einfach nur das meinen würdest, was du sagst. Was geht wirklich in dir vor? Warum hast du das so anders gesagt?

Manche Menschen nutzen das Spiel mit dem emotionalen Gegenteil als eine Form der Manipulation. Sie machen sich selbst damit interessanter und uns neugierig. Denn Rätsel sind für die meisten Menschen eine Herausforderung. Zum Shitmove wird so was allerdings erst, wenn es auf Kosten des Gegenübers passiert. Wenn bewusste Verunsicherung stattfindet oder Gefühle verletzt werden, um die Person in eine ganz bewusste Richtung zu lenken.

Eine weitere Schauspielübung kam schon kurz beim unerhört kranken Shitmove vor, nämlich der innere Monolog. Das ist eine Art Telepathie. Statt deinen Text auszusprechen, lässt du ihn einfach in deiner Vorstellung lebendig werden. Hier ist der wichtigste Punkt an der Übung die Balance zwischen überdeutlicher und toter Gestik und Mimik. Wer jeden Gedanken angestrengt zeigen muss, wird zur Pantomime. Wer hingegen gar nicht »durchlässig« für den inneren Monolog ist, kommuniziert überhaupt nichts. Durchlässigkeit ist das große Schlagwort im

Schauspielstudium – und für uns hier beim Umgang mit lautlosen Shitmoves. Probiere also die Extreme aus: Denke deinen inneren Monolog zunächst völlig regungslos, und dann versuche, ihn überdeutlich auszudrücken. Und dann suche dazwischen eine Mitte, die sich angenehm anfühlt und dein Selbstbewusstsein stärkt.

Einige Menschen haben im Alltag einen inneren Monolog, der nie aus Worten besteht, sondern aus Bildern, aus Tönen oder aus assoziativen Fragmenten, die sich kaum beschreiben lassen. Aber das Ziel der Übung ist nicht, sich ein anderes Innenleben anzutrainieren, sondern das Bewusstsein für die eigene nonverbale Kommunikation zu stärken – und nicht zuletzt auch für die der anderen. Dadurch werden wir empathischer und zugleich souveräner im Konflikt.

Stell dir zum Beispiel mal die inneren Monologe aller Gäste in einer politischen Talkshow vor, wenn sie gerade nicht sprechen. Plötzlich werden diese Menschen viel nahbarer, weil wir uns ihre Absichten und Gefühle besser vorstellen können. Und hier liegt ein wesentlicher Schlüssel für den Umgang mit Shitmovern: Wenn wir ihre Unsicherheiten und Empfindungen nachvollziehen können, gehen wir lockerer und gewinnender mit ihnen um. Weil wir nicht mehr nur mit uns selbst beschäftigt sind, sondern mit Ruhe die gesamte Situation betrachten können.

Eine weitere Schauspieltechnik, um eine tiefere Verbindung mit unserem Gegenüber herzustellen, ist das präsente Zuhören. Konzentrier dich bei deiner nächsten Auseinandersetzung mal ganz bewusst auf Gestik und Mimik deines Gegenübers und lasse dich von nichts ablenken. Allein durch deine geduldige Aufmerksamkeit kann die andere Person schon gewonnen werden, weil sie sich gehört fühlt und nicht kämpfen muss. Und wie wir schon beim Twistmove empfohlen haben, kannst du das Ganze auch noch ergänzen, indem du neutral wiederholst, was du von der anderen Person verstanden hast. Die größte Stärke der Übung liegt aber auf der nonverbalen Ebene. Wenn du mit ganzer Aufmerksamkeit die Körpersprache deines Gegenübers wahrnimmst, wirst du so manchem Shitmove schon in seiner Entstehung zuschauen können. Das gibt dir einerseits mehr Zeit und Ruhe, klug darauf zu reagieren, und andererseits wird die Shitmove-Frequenz mit hoher Wahrscheinlichkeit abnehmen.

Auch kleine Berührungen können helfen, um wieder eine Nähe aufzubauen. Aber das heißt jetzt nicht, dass du Leute einfach streicheln sollst. Wobei wir es möglicherweise begrüßen würden, in einem hitzigen Wahlkampf auch mal Streicheleinheiten zu sehen. Eine Berührung, die Vertrauen und Wärme zum Ausdruck bringt, unterscheidet sich vom unerhört lieben Shitmove vor allem durch die Intention. Wenn dieser eine Kollege gelegentlich gern deine Schultern kneift und tätschelt, kann das eine ehrliche Geste sein, die in etwa sagt: »Ich freu mich, dass du da bist und ich auf dich zählen kann«, es kann aber auch eine Machtgeste sein, mit der er deinen Rang in der Hierarchie markiert: »Ich fasse dich genauso an wie sonst immer meinen Hund, weil ich über dir stehe!« Trainiere deine Beobachtungsgabe und vertrau deinem Bauchgefühl, wenn du nicht sicher bist, welche Intention dahintersteckt.

Ein geschickter Umgang mit lautlosen Shitmoves ist insgesamt sogar noch abhängiger von gesammelter Erfahrung und verinnerlichten Prinzipien als der Umgang mit rhetorischen Shitmoves. Denn dabei wird die Mehrheit aller Botschaften unbewusst gesendet, empfangen und interpretiert. Deshalb ist das Einzige, was du aktiv tun kannst, um deine nonverbale Kommunikation auf ein höheres Level zu bringen, diese bewusste Arbeit an deiner eigenen Körpersprache und an deiner Lesefähigkeit der Signale anderer Menschen. Ob dir dabei Schauspielübungen, reine Beobachtung oder vielleicht eine geeignete Form von Meditation hilft, ist egal, Hauptsache, du gehst mit Neugier und Spaß ans Lernen.

2. LAUTE SHITMOVES
Lachen, Unterbrechen, Übertönen

Hast du in der Auflistung der lautlosen Shitmoves den unerhörten Sabotage-Shitmove vermisst? Keine Sorge, den haben wir nicht vergessen, der bekommt hier noch mal eine eigene Widmung. Er ist nämlich in seiner unerhörten Variante selten wirklich lautlos. Allein mit Gestik und Mimik ist es schon verdammt schwer, eine Person so effektiv zu torpedieren, dass sie aus dem Konzept gerät. Nein, der unerhörte Sabotage-Shitmove ist wie ein fieser, fetter, schamloser, lauter Furz, der das Gespräch einfach unmöglich macht. Daran muss sich dann schon die Stimme beteiligen, um die folgenden lauten Varianten durchzuziehen.

LACHEN

Wie oft haben wir in diesem Buch betont, dass Humor ein wichtiges Instrument zum Gewinnen von Menschen ist? Doch es gibt auch dieses Lachen, das dich demütigen, verunsichern oder bloßstellen soll. Zum Beispiel, wenn damit deine Meinung abgewertet wird oder wenn das Ziel Irritation ist. Ausgelacht zu werden, ist für viele Menschen eine so große Angst, dass sie davon Albträume haben. Deshalb zeigt man sich in einer Auseinandersetzung ungern verletzt oder hilflos, damit die eigenen Gefühle nicht zur Lachnummer werden. Der unerhörte Sabotage-Shitmover nutzt genau diese Schwachstelle aus, indem er an unpassenden Stellen lacht und dich damit verunsichert. Oder indem er dich ganz konkret für etwas auslacht, das du gerade erläuterst.

Was für eine vernichtende Kraft dieser sabotierende Spott haben kann, ist wunderbar in einer Szene aus *Inglourious Basterds* zu sehen. Der SS-Standartenführer Hans Landa, gespielt von Christoph Waltz, bekommt von einer feindlichen Undercover-Agentin eine Lügengeschichte darüber aufgetischt, wie sie zu ihrem Gipsfuß kam. Er weiß längst, wie es sich wirklich zugetragen hat, aber er will das Katz-und-Maus-Spiel in vollen Zügen genießen. Also hört er sich ihr Alibi an: »Beim Bergsteigen«, und bricht in ein derart dreckiges und langanhaltendes Lachen aus, dass man beim Zuschauen mitlachen muss. Die Agentin steht wie der letzte Depp da und kann nichts dagegen tun.

In ihrem Fall gibt es auch tatsächlich nichts, das ihr gegen diesen Shitmove helfen könnte, denn für sie geht es ja bei Enttarnung um Leben und Tod. In weniger existenziellen Auseinandersetzungen hingegen musst du dich nicht auslachen oder durch Spott aus der Fassung bringen lassen. Gerade weil dieser unerhörte Sabotage-Shitmove nicht lautlos, sondern unverhohlen ertönt, kannst du dein Gegenüber auch darauf ansprechen. Und wie? Na ja, es ist eh zu spät, deine Gefühle davor zu bewahren, dass sie zur Lachnummer werden, also nutze diesen Umstand und geh in die Flucht nach vorn: »Es tut mir weh, dass du mich auslachst.« Wenn darüber nur noch lauter gelacht wird, beende das Gespräch. Aber vielleicht hast du gerade durch deine offenbarte Verletzlichkeit die Hand ausgestreckt, die dein Gegenüber braucht, um sich von dir gewinnen zu lassen.

UNTERBRECHEN

Auch hier fallen uns doch allen auf Anhieb unzählige Beispiele ein, die wir selbst erlebt haben. In fast jeder hitzigen TV-Debatte fällt früher oder später der Satz: »Lassen Sie mich ausreden!«, häufig mit der Forderung nach ausgleichender Gerechtigkeit, man habe doch das Gegenüber vorhin auch ausreden lassen. Frust pur! Nicht nur für die Person, die mit Unterbrechungen irritiert wird, sondern für alle Beteiligten.

Es gibt aber natürlich auch den passenden Gegenpart zum Unterbrechen, der im Bereich des rhetorischen Sabotage-Shitmoves angesiedelt ist, nämlich das Schwafeln. Wir erinnern uns an die Tipps aus dem Handbuch, so viel und so ausführlich wie möglich über irrelevante Themen zu reden. Manchmal kommen wir gar nicht umhin, unser Gegenüber höflich zu unterbrechen – höflich! Das ist der springende Punkt. Erst die respektlose Intention macht aus einer Unterbrechung einen unerhörten Sabotage-Shitmove. Und wie gehen wir damit gut um?

Durch Fokus. Du bist dabei, etwas zu sagen, das dir wichtig ist, und wirst unterbrochen? Halte bewusst an deinem abgerissenen Gedanken fest, als würdest du ein Lesezeichen in das Gespräch stecken. Und dann mach kurz Urlaub, bis du wieder dran bist. Ja, wir empfehlen dir hier gerade einen unerhörten Quitmove. Du musst dir kein Wort anhören, das sich durch eine respektlose Unterbrechung auf die Bühne gedrängelt hat. Mach's dir bequem, lehn dich zurück und denk an Dinge, die dir gute Laune bereiten. Sobald du wieder sprechen kannst, kommunizierst langsam und selbstbewusst, dass du gerade aus dem Urlaub zurückkommst und deinen Gedanken wieder dort aufnimmst, wo er vorhin unterbrochen wurde. Alles, was in der Zwischenzeit gesagt wurde, darf der Sabotage-Shitmover gern gleich noch mal erklären, weil du es leider nicht mitbekommen hast. Mag sein, dass du mit dieser Strategie dein Gegenüber nicht gewinnst, aber hier gilt wieder, dass bei unverschämten Grenzüberschreitungen deine Priorität nicht Harmonie sein muss, sondern Selbstbehauptung. Und mit dieser Methode wirkst du wesentlich souveräner, als wenn du das altbekannte »Lassen Sie mich ausreden!«-Spiel mitspielst. Oder wenn du unbeirrt weitersprechen willst, denn dann lauert schon die nächste Variante des unerhörten Sabotage-Shitmoves.

ÜBERTÖNEN

Keine Variante fällt so eindeutig in die Gruppe der lauten Shitmoves wie diese. Wer über eine besonders kräftige oder schrille Stimme verfügt, ist vielleicht besonders versucht, dieses effektive Manöver einzusetzen. Wenn sich zwei Leute im Streit ständig übergangen und unterbrochen fühlen, beginnt das Lautstärke-Wettrennen. UNANGENEHM!

Steckst du selbst in einer solchen Lage, dann kannst du zunächst die Strategie ausprobieren, die gegen das Unterbrechen helfen kann, denn die Ähnlichkeit ist ja auf den ersten Blick groß. Aber ein Unterschied ist, dass du oft bei einem Shitmover, der gerne übertönt, selbst später nicht mehr zu Wort kommen wirst. Daher noch eine alternative Empfehlung: Sprich zwar parallel zum übertönenden Shitmover, aber sei dabei bewusst leise. Mach ihn neugierig auf das, was du da sagst, indem du ohne Verbissenheit vor dich hin sprichst, freundlich lächelnd, lebendig. Worüber? Zum Beispiel darüber, was für eine Herausforderung es ist, die eigenen Gedanken noch wahrzunehmen, wenn das Gegenüber dermaßen laut ist.

Du wirst sehr schnell feststellen, ob das Gespräch sich überhaupt lohnt. Wenn diese Strategie absolut nicht fruchtet, kannst du es mit bester Laune abbrechen. Falls du etwas Wichtiges loswerden wolltest, mach es einfach schriftlich. Das kann nicht übertönt werden. Aber wenn die Strategie funktioniert, unterlässt der Shitmover sein Übertönen nach und nach, weil es so offensichtlich wird, wer das Scheitern des Gesprächs verursacht. Nämlich immer der Lautere.

3. DIE SHITPARADE

Ein Shitmove kommt selten allein

Zum Schluss verraten wir, was unsere größte Angst mit Blick auf dieses Buch ist: dass man uns bei *Wetten, dass..?* auf die Couch setzt und gegen uns wettet, dass wir, Obacht, uns jetzt trotz allem nicht gegen die größten Shitmover des Landes behaupten können. Den Gegenbeweis wären wir nach so einem Buch doch schuldig, oder?

Im Schreibprozess hatten wir immer wieder Momente, in denen wir nicht mehr daran geglaubt haben, dass es halbwegs überschaubare und praktisch anwendbare Strategien geben kann, um auf die meisten Shitmoves zu reagieren. Und der Auslöser für diese Verzweiflung war immer irgendein Interviewausschnitt, in dem jemand nicht nur einen Shitmove gebracht hat, auch nicht nur eine Handvoll, sondern eine solche Shitparade, dass wir gar nicht mehr mit dem Einordnen hinterherkamen. Wenn wir uns vorstellen, wir säßen in so einer Sendung, hätten wir dann eine Chance? In manchen Filmen wird ja mit dem wohl lebensmüden Klischee gespielt, dass man am ersten Tag im Knast dem stärksten Insassen eine reinhauen soll, um sich den Respekt von allen zu sichern. Sind wir in den Augen von notorischen Shitmovern durch dieses Buch nicht so was wie der stärkste Knasti? Und indem man uns jetzt schön vorführt, profiliert man sich als der ultimative Debatten-Endgegner?

Tatsächlich gibt es Menschen, denen wir ein solches Denken zutrauen würden. Manche haben es dermaßen krass drauf, in atemberaubender Frequenz einen Shitmove nach dem anderen vom Stapel zu lassen, dass wir erst einmal froh sind, ihnen noch nicht persönlich begegnet zu sein. Aber aus dieser sicheren Distanz haben wir etwas Interessantes beobachten können: Selbst im Chaos der manipulativsten Shitparade sind fast immer Muster zu erkennen. Notorische Shitmover haben oft ein oder zwei Lieblingsmanöver. Vielleicht geht es dir nach der Lektüre ähnlich wie uns, und du entdeckst diese wiederkehrenden Muster, wenn du Leuten zuhörst, die bekannt für ihre eloquente Polemik sind.

Aber wir werden nicht immer nur aus sicherer Distanz beobachten können. Früher oder später treffen wir alle mal auf einen Angstgegner, der für jeden Shitmove-Konter einen noch fieseren Shitmove auf Lager haben wird. Und für diese absolute Gewissheit haben wir jetzt noch eine allerletzte essenzielle Erkenntnis zu teilen. Das große Finale!

Du hältst in deiner Hand ein Buch, das sich durchgehend an einer einzigen goldenen Regel orientiert: Versuche, dein Gegenüber zu gewinnen. Aber es gibt Menschen, die sich niemals von dir gewinnen lassen werden. Egal, was du versuchst. Du wirst nie ganz knacken, aus welcher Motivation oder Angst heraus sie ihre Shitparade auf dich loslassen. Vielleicht ist es einfach nur der Dopamin-Kick, den sie dadurch bekommen. Vielleicht ist es sogar eine Art rhetorische Pyromanie, und diese Menschen könnten ihre Shitmove-Sucht selbst dann nicht unterbinden, wenn sie es mit aller Kraft versuchten. Aber der Punkt ist, dass unsere goldene Regel keine Einbahnstraße sein darf. Du kannst sie in den härtesten Fällen als letztes Mittel umdrehen:

»Ich bin erschlagen von deinen Shitmoves. Ich weiß gar nicht, wo ich anfangen soll. Fang du an. Mit deiner Strategie kannst du mich besiegen – aber kannst du mich auch gewinnen?«

Danksagung

Wenn wir schon Shitmoves in verschiedene Typen einteilen, dann können wir auch gleich die Sorten von Menschen kategorisieren, denen wir dieses Buch zu verdanken haben:

1. Den Shitmovern
2. Euch
3. Den Verbündeten

Liebe Shitmover, unsere jahrelange ungewollte Teilnahme an euren Shitmove-Workshops hat sich gelohnt. Ihr habt uns jede Menge Stoff für dieses Buch geliefert. Danke für all die Herausforderungen, für die schlaflosen Nächte und für die vielen beschissenen Begegnungen. Ihr habt uns reifen lassen, und wir haben viel von euch gelernt. Zum Beispiel darauf zu achten, wann etwas gesagt wird und warum. Und dass nicht jeder Shitmove identisch stinkt. Durch euch ist uns klargeworden, dass wir den Menschen gewinnen wollen und nicht den Konflikt. Und für diese Erkenntnis sind wir sehr dankbar, denn sie hat unser gesamtes Leben positiv verändert.

Liebe Menschen, die das hier gerade lesen. Danke allein dafür schon mal! Erst durch eure Lektüre wird unser Buch zu mehr als bedrucktem Papier. Und darüber hinaus haben einige von euch uns schon früh auf unserem Weg bis hierher begleitet. Ihr habt uns einen Traum erfüllt. Kreativität und Humor sind für uns eine Art Bewältigungsstrategie. Und die brauchen wir so dringend, weil wir leider jede Menge im Leben zu bewältigen haben. Irgendwie habt ihr das von Anfang an gespürt und uns mit so einer großen Liebe und Offenheit in euer Leben gelassen. Ihr habt uns vertraut und von euren Ängsten, Gefühlen und Erlebnissen erzählt. Jede Woche gemeinsam mit uns gelacht, manchmal auch geweint. Wir haben über die Zeit so viel von euch gelernt und neue Perspektiven entdeckt. Zu wissen, dass da draußen noch andere Menschen sind, die auch jede Menge zu bewältigen haben und dabei nicht nuancenstumpf werden, schenkt uns große Kraft und Zuversicht. Danke, dass ihr all diese kreativen Projekte ermöglicht. Danke, dass ihr dieses Buch ermöglicht habt. Uns bedeutet all das und vor allem der Austausch mit euch wahnsinnig viel.

Zum Schluss möchten wir unseren Verbündeten danken, und hier wollen wir ein paar Namen nennen.

Liebe Barbara Wenner, du bist eine solche Bereicherung für uns! Wir schätzen deine Meinung immens, und jede Begegnung mit dir lässt uns euphorisiert zurück. Danke, dass du an uns glaubst und dass es dich gibt.

Liebe Lexa Rost, durch dich wurde dieses Buch zu einer der schönsten Erfahrungen in unserem Leben. Die Zusammenarbeit mit dir ist grandios. Danke für dein Vertrauen, für deinen scharfen Geist und deine phantastische Unterstützung.

Liebe Verena Glunk, danke für deine großartigen Ideen, deinen kreativen Input und für deine ansteckende Begeisterung.

Liebe Katharina Theml, danke für deine phantastische Arbeit, mit der du uns beim finalen Lektorat nicht nur formal, sondern auch inhaltlich eine unschätzbare Hilfe für den letzten Feinschliff geleistet hast.

Lieber Mike, liebe Mama Gavric, durch euch haben wir immer etwas zu essen und zu lachen. Danke für die ständige Zuversicht und all die Liebe.

Liebe Katrin, liebe Lisa, liebe Mama Renger, neben eurer Liebe und Mitfreude danken wir euch auch dafür, dass in diesem Buch eine ganze Menge auf psychologischer und rhetorischer Erfahrung basiert, die kein Studium so vermitteln könnte.

Liebe Patricia Krüger, du stärkst uns immer den Rücken und kümmerst dich um alles. Danke, dass wir erzählen dürfen, dass du unsere persönliche Assistentin bist.

Lieber Vincent Brunsch, wie du selbst am besten weißt, gehörst du eigentlich in die Kategorie der Shitmover, durch die wir unfreiwillig lernen durften. Aber da du dir die Mühe gemacht hast, uns dein manipulatives Feedback zu unserem Manuskript beizusteuern, danken wir auch dir noch mal separat. Avada Kedavra.

Quellenverzeichnis

Dissmove

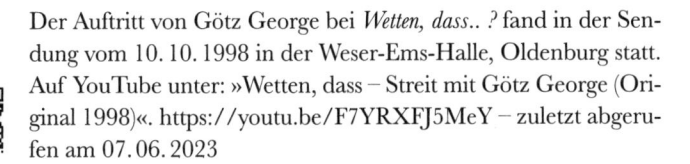

Der Auftritt von Götz George bei *Wetten, dass..?* fand in der Sendung vom 10.10.1998 in der Weser-Ems-Halle, Oldenburg statt. Auf YouTube unter: »Wetten, dass – Streit mit Götz George (Original 1998)«. https://youtu.be/F7YRXFJ5MeY – zuletzt abgerufen am 07.06.2023

Paul Graham: »How to disagree«. http://paulgraham.com/disagree.html

Paul Graham: »Keep your identity small«. http://paulgraham.com/identity.html

Kranker Shitmove

Das interne Google-Memo, für das der Entwickler James Damore 2017 von Google gefeuert wurde, im Wortlaut: https://gizmodo.com/exclusive-heres-the-full-10-page-anti-diversity-screed-1797564320

Eine Einordnung der von James Damore zitierten Statistiken und seiner Interpretationsfehler: https://www.wired.com/story/the-pernicious-science-of-james-damores-google-memo/

Quasi-Shitmove

Das Interview zwischen David Letterman und Bill O'Reilly über den Irakkrieg ist auf YouTube zu finden unter »Letterman and O'Reilly on Iraq«. https://youtu.be/vjmuROG1fNY – zuletzt abgerufen am 07.06.2023

Label-Shitmove

Die berühmte Szene aus dem neuseeländischen Parlament von 2019 ist auf YouTube unter »›OK boomer‹: millennial MP responds to heckler in New Zealand parliament« zu finden. https://youtu.be/OxJsPXrEqCI – zuletzt abgerufen am 07.06.2023

Das Interview mit Chlöe Swarbrick, aus dem wir sie zitieren: https://www.bbc.com/news/world-asia-50327034

Die Szene, in der sich der australische Senator Mitch Fifield gegen den Vorwurf des Mansplaining wehrt, findet man auf YouTube unter »›What's mansplaining?‹ Senator Mitch Fifield offended by Senator Katy Gallagher's allegation«. https://youtu.be/ZOXh5repOWI – zuletzt abgerufen am 07.06.2023

Lieber Shitmove

Das Video, in dem ein lieber Shitmove nach dem anderen zu beobachten ist, befindet sich auf YouTube unter »Katie Hopkins | Cambridge Union«. https://youtu.be/vTo0crpK8Zs – zuletzt abgerufen am 07.06.2023

Jürgen Todenhöfer bringt seinen lieben Shitmove gegenüber Tilo Jung auf YouTube unter »Jürgen Todenhöfer – Jung & Naiv: Folge 523«. https://www.youtube.com/watch?v=351GpvJK-Fyg – zuletzt abgerufen am 07.06.2023

Eine subtile Variante des lieben Shitmoves führt Friedrich Liechtenstein in einem Video vor, das auf YouTube unter »EDEKA Supergeiler Kollege« zu finden ist. https://youtu.be/UU-4ig6H5w_4 – zuletzt abgerufen am 07.06.2023

Die berühmte Visitenkarten-Szene aus dem Klassiker *American Psycho* von 2000 gibt es auf YouTube in mehreren Versionen, zum Beispiel hier: https://www.youtube.com/watch?v=aZVk-W9p-cCU – zuletzt abgerufen am 05.07.2023

Opfer-Shitmove

Die Buchempfehlung zum Drama-Dreieck: *A Game Free Life. The Definitive Book on the Drama Triangle and the Compassion Triangle by the Originator and Author:* Stephen B. Karpman, erschienen 2014 bei Drama Triangle Publications

Dystopischer Shitmove

Die erwähnten Werbespots sind gesammelt in einem Video auf YouTube unter dem Titel »DIRECT TV: ›Get Rid Of Cable‹ – The Full Compilation«. https://youtu.be/NZ80SVOHKoo – zuletzt abgerufen am 07.06.2023

Entweder-oder-Shitmove

Hier ist der komplette Wortlaut der Rede des US-Präsidenten George W. Bush vom 20.09.2001: https://georgewbush-whitehouse.archives.gov/news/releases/2001/09/20010920-8.html

Selektiver Shitmove

Unter folgendem Link ist ein besonders eindrückliches Beispiel für das Hütchenspiel mit einem Golden Retriever zu finden: https://twitter.com/Yoda4ever/status/1566400816021311488?s=20 – zuletzt abgerufen am 07.06.2023

Wer sich den selektiven Shitmove von Tucker Carlson über die gewaltsame Stürmung des US-Kapitols anschauen will, findet auf YouTube ein Video unter »Tucker: This video tells a different story of Jan 6«. https://youtu.be/Opy7MLGAPBk – zuletzt abgerufen am 07.06.2023

Der Streit zwischen Phoebe und Ross aus der Serie *Friends* streckt sich über die gesamte dritte Folge der zweiten Staffel und ist auf YouTube in einem Zusammenschnitt zu finden, nämlich unter

»Friends – Ross and Phoebe argue about Evolution«. https://youtu.be/rTNaRZlT6GU – zuletzt abgerufen am 07.06.2023

Storytime-Shitmove

Unter folgendem Link gibt es die Szene vom »Senator mit dem Schneeball«: https://www.msnbc.com/all-in/watch/the-senator-with-the-snowball-405748291955 – zuletzt abgerufen am 07.06.2023

Quellen-Shitmove

Wer sich das Original der alten Werbung anschauen möchte, findet sie auf YouTube unter »Dr. Best plus Werbung 1989«. https://youtu.be/S0LSuGx0-zs – zuletzt abgerufen am 07.06.2023

Einige Beispiele der erwähnten Werbeplakate mit Testimonials aus den 1950er Jahren gibt es hier: https://www.wirtschaftswundermuseum.de/promiwerbung-50er.html

Team-Shitmove

Aus dieser Quelle stammen die Zitate von Peter Overton selbst über sein Interview mit Tom Cruise: https://www.dailymail.co.uk/tvshowbiz/article-11584641/Peter-Overton-reflects-interview-Tom-Cruise-brutally-SHUT-actor.html

So schreibt die Klatschpresse über das Interview: https://www.dailystar.co.uk/showbiz/terrifying-clip-tom-cruise-snapping-27105146

Aus dieser Quelle zitieren wir die Meinungen von Usern: https://www.reddit.com/r/cringe/comments/2amme8/tom_cruise_hates_this_interviewer/

Die Eskalation in dem besagten Interview ist auf YouTube zu finden unter »Tom Cruise loses patience with Aussie reporter | 60 Minutes Australia«. https://youtu.be/bm1gvNQtYJQ – zuletzt abgerufen am 07.06.2023

Eine längere Version des Interviews gibt es auf YouTube unter »Tom Cruise Combats Reporter In 60 Minutes Australia Interview«, von wo wir auch weitere User-Kommentare zitiert haben. https://youtu.be/DChVRGoQXIc – zuletzt abgerufen am 07.06.2023

Dieses Video auf YouTube zeigt einen Zusammenschnitt der Team-Shitmoves von Barbara Walters in ihren diversen Star-Interviews: »Barbara Walters being a terrible human being for almost 15 minutes«. https://youtu.be/r2vzk1BH_E4 – zuletzt abgerufen am 07.06.2023

Ein separates Video zeigt den Moment mit Ricky Martin: »Ricky Martin asked if he is gay in interview«. https://youtu.be/NSHsdcWSyCs – zuletzt abgerufen am 07.06.2023

Den Song *Junge* (2007) von den Ärzten inklusive Lyrics gibt es hier: https://www.bademeister.com/songs/junge

Holy Shitmove

Das exakte Bibelzitat: »Was siehest du aber den Splitter in deines Bruders Auge, und wirst nicht gewahr des Balkens in deinem Auge?« – Lutherbibel 1912, Matthäus 7, Vers 3

Das Interview bei Maischberger mit dem Holy Shitmove von Markus Söder gibt es auf YouTube unter »›AKW-Laufzeiten müssen verlängert werden‹ – Markus Söder im Interview | maischberger«. https://youtu.be/3TUTIGh0Wzs?t=845 – zuletzt abgerufen am 07.06.2023

Shiftmove

Die Shiftmoves aus Episode 17 »Im Rausch der Macht« von Staffel fünf der Serie *Family Guy* sind zusammengeschnitten auf YouTube unter dem Titel »Family guy red herring example« zu finden. https://youtu.be/f_ttbfTGs48 – zuletzt abgerufen am 07.06.2023

Ein weiteres Beispiel zitieren wir aus einem Video, das auf YouTube zu finden ist unter dem Titel »Donald Trump's Red Herrings Compilation«. https://www.youtube.com/watch?v=MiAnl5_wGg – zuletzt abgerufen am 07.06.2023

Und aus diesem Video haben wir den berühmten Shiftmove von Sarah Palin: »Sarah Mania! Sarah Palin's Greatest Hits«. https://youtu.be/NrzXLYA_e6E – zuletzt abgerufen am 07.06.2023

Hier gibt es das zitierte TikTok von Sahra Wagenknecht: https://www.tiktok.com/@sahra.wagenknecht/video/7193725224074988805 – zuletzt abgerufen am 06.06.2023

Und hier den *Stern*-Artikel, auf den sie sich darin bezieht: https://www.stern.de/panorama/wissen/mensch/statt--mumie---museen-wollen-nun--mumifizierte-person--sagen-33129962.html

Twistmove

Cathy Newmans Interview mit Jordan Peterson von 2018 gibt es auf YouTube in ganzer Länge unter dem Titel »Jordan Peterson debate on the gender pay gap, campus protests and postmodernism«. https://youtu.be/aMcjxSThD54 – zuletzt abgerufen am 07.06.2023

Ebenfalls auf YouTube gibt es die erwähnte Szene aus »Thank You for Smoking (3/5) Movie CLIP – Ice Cream Politics (2005) HD«. https://youtu.be/xuaHRN7UhRo – zuletzt abgerufen am 07.06.2023

Bullshitmove

Das Zitat über Bullshit und Lügen ist aus *On Bullshit* von Harry G. Frankfurt, erstmals erschienen als Essay im *Raritan Quarterly Review* von 1986 und dann als gebundene Ausgabe, herausgegeben von der Princeton University Press im Jahr 2005.

Der Begriff Bulverismus stammt aus einem Essay namens *Bulverism* aus dem Jahr 1944 von Clive Staples Lewis.

Das Buch *Verhandeln* von Daniel Shapiro heißt im Original *Negotiating the Nonnegotiable: How to Resolve Your Most Emotionally Charged Conflicts* und wurde 2016 von Penguin Random House LLC herausgegeben.

Cheatmove

Das erwähnte Interview zwischen David Letterman und Lindsay Lohan gibt es auf YouTube unter »David Letterman made Lindsay Lohan cry (2013-04-10)«. https://youtu.be/aMKIJf8atDg – zuletzt abgerufen am 07.06.2023

Quitmove

Das Basketballspiel aus Folge fünf der ersten Staffel von *The Office* ist auf YouTube unter »Dunder Mifflin Plays Basketball – The Office« zu finden. https://youtu.be/IS2Ozgx-ih8 – zuletzt abgerufen am 07.06.2023

Sabotage-Shitmove

Den erwähnten Sabotage-Shitmove von Mitch Fifield kann man sich auf YouTube anschauen unter »»My name is Senator Fifield‹: Communications Minister Mitch Fifield is a member of the IPA«. https://youtu.be/adWw5fPuoy0 – zuletzt abgerufen am 07.06.2023

Das Sabotage-Handbuch des US-Geheimdienstes *The Simple Sabotage Field Manual* ist heute deklassiert und als gebundene Ausgabe erhältlich, im Deutschen als *Das kleine Sabotage-Handbuch von 1944*, übersetzt von Jan Schönherr und 2018 herausgegeben von Kathrin Passig: ISBN 3499634163.

Trotzmove

Der Kampf des schwarzen Ritters aus dem Monty-Python-Klassiker *Die Ritter der Kokosnuss* von 1975 ist als separate Szene auf YouTube unter »Monty Python and the Holy Grail – Black Knight« zu finden. https://youtu.be/kRwCPUEND1U – zuletzt abgerufen am 07.06.2023

Der unerhörte Team-Shitmove

Der erwähnte Sketch ist auf YouTube unter »That One Friend Who Makes Everything Awkward – Key & Peele« zu finden. https://youtu.be/EnBdGTX3vZc – zuletzt abgerufen am 07.06.2023

Laute Shitmoves: Lachen

Die Szene aus dem Film *Inglourious Basterds* von 2009 ist auf YouTube unter »Inglourious Basterds: The Italian Scene« zu finden. https://youtu.be/rq7qm3T3cPE – zuletzt abgerufen am 07.06.2023